책 한권으로 마스터하는 기타 교본

# 나만의 통기타 교실

일신서적출판사

# 차 례

# 미리 알기

# 코드와 스트로크

# Chapter 01

미리
알기

# 기타 각 부분의 명칭

일반적으로 우리가 통기타라고 부르는 기타는 크게 헤드, 넥, 바디로 나뉘며 각 부분의 명칭은 다음과 같습니다.

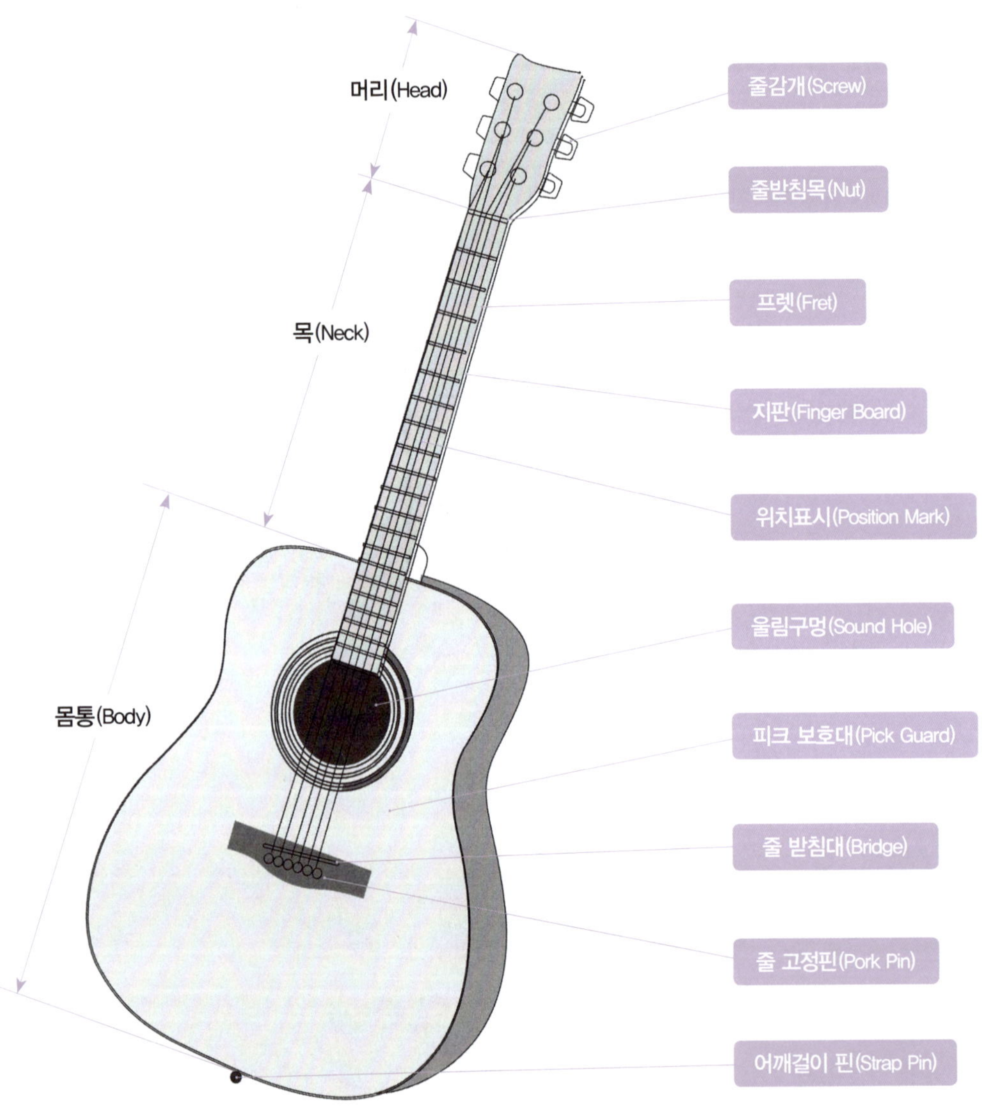


## ▶ 각 부분의 역할

**줄감개** : 기어를 돌려서 줄의 음정을 조절합니다.

**너트** : 헤드와 넥을 구분히는 지점으로, 줄을 받쳐주는 역할을 합니다.

**프렛** : 줄을 누르는 위치를 나타내는 것으로, 음정을 결정합니다.

**브릿지** : 줄을 바디에 고정시켜 줄의 진동을 바디로 전달해주는 역할을 합니다.

# 기타의 종류

기타는 음악의 장르, 연주의 특징에 따라 여러 종류로 나뉩니다.

주로 클래식 연주에 사용됩니다. 포크 기타와 달리 나일론으로 된 줄을 사용하여 나일론 기타라고도 불립니다.

**클래식 기타**

일반적으로 말하는 어쿠스틱 기타는 포크 기타를 말하는 경우가 많습니다. 어쿠스틱 기타는 클래식 기타와 달리 쇠줄로 되어 있어 스틸 기타라고 부르기도 합니다.

**어쿠스틱 기타**

일렉트릭 기타는 마이크 역할을 하는 픽업(**Pick up**)을 통해 줄의 진동을 받아들여 전기적 신호를 앰프로 증폭시켜 소리내는 기타를 말합니다.

**일렉트릭 기타**

# 03 지판과 음정



## ▶ 지판

기타는 지판의 프렛(**Fret**)으로 음정을 나누어 줍니다. 프렛은 아무것도 누르지 않은 상태의 **0**프렛(개방현)부터 오른쪽으로 가며 순서대로 **1**프렛, **2**프렛, **3**프렛…이라고 합니다. 기타의 6개의 줄은 굵은 줄부터 **6**번, **5**번, **4**번, **3**번, **2**번, **1**번이라고 부르며 굵은 줄은 낮은 소리가 나고 얇은 줄은 높은 소리가 납니다.

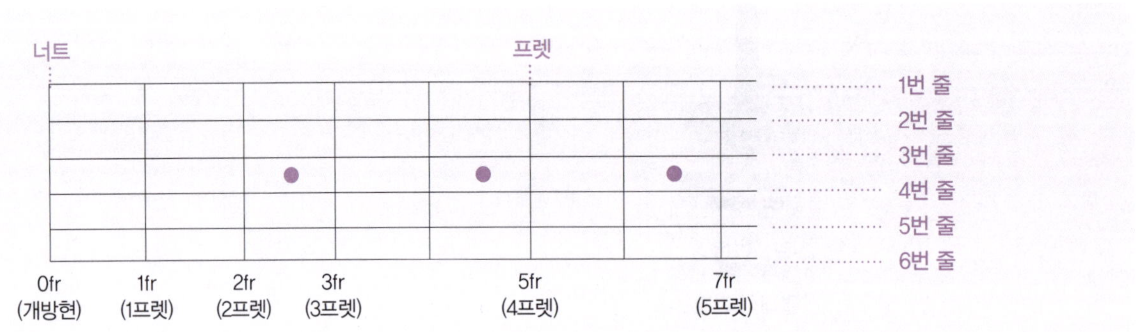


## ▶ 지판 음정

음과 음 사이의 거리를 음정이라고 하며, 기타를 연주할 때는 계이름(도, 레, 미, 파, 솔, 라, 시) 대신 영어 음이름(**C, D, E, F, G, A**)을 사용합니다.

| 계이름 | 도 | 레 | 미 | 파 | 솔 | 라 | 시 |
|---|---|---|---|---|---|---|---|
| 영어 음이름 | C | D | E | F | G | A | B |

지판에서의 음정은 한 칸이 반음, 두 칸이 온음입니다. 따라서 **E~F**와 **B~C** 사이만 한 칸(반음)이 떨어져 있고, 나머지 음들은 두 칸(온음)이 떨어져 있습니다.

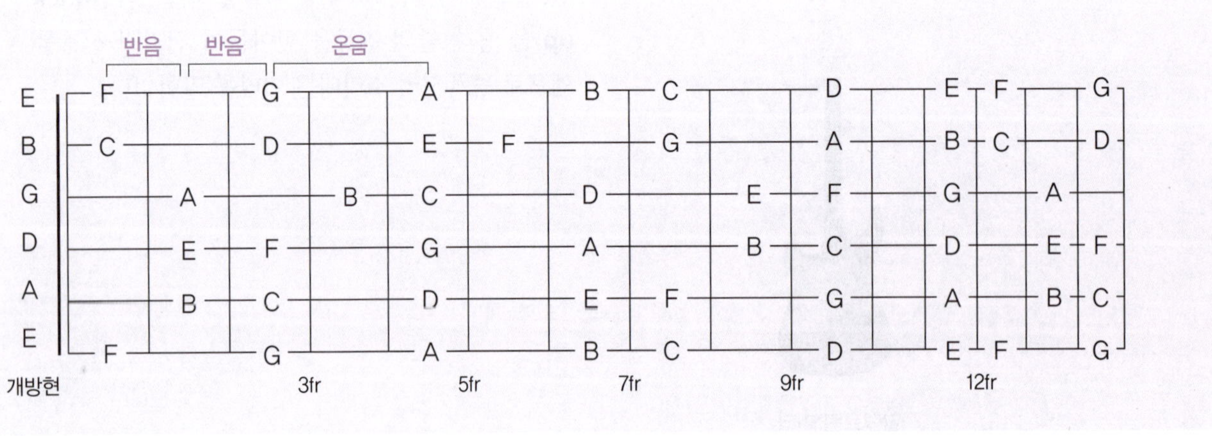

튜닝은 조율을 뜻하는 말로, 각 줄의 음을 정확한 음정으로 맞추는 것입니다. 좋은 연주를 위해서는 연주를 하기 전 조율을 하는 것이 좋습니다. 정확한 조율을 위해서도 많은 연습이 필요합니다. 초보자인 경우 빠른 시간에 정확한 조율을 하기 어려울 것입니다.

### ▶ 개방현

개빙현(**Open String**) 기타의 줄을 아무섯노 누르지 않은 상태에서 소리내는 것으로, 개방현의 음은 **6**번 줄부터 미(**E**), 라(**A**), 레(**D**), 솔(**G**), 시(**B**), 미(**E**)입니다.

| | | | | |
|---|---|---|---|---|
| **미**(E음) | | | | 1번 줄 |
| **시**(B음) | | | | 2번 줄 |
| **솔**(G음) | | | | 3번 줄 |
| **레**(D음) | | | | 4번 줄 |
| **라**(A음) | | | | 5번 줄 |
| **미**(E음) | | | | 6번 줄 |

### ▶ 튜너

튜닝을 하는 방법에는 여러 가지가 있지만 여기에서는 초보자들도 쉽게 튜닝을 할 수 있도록 튜너(조율기)를 사용하여 조율하는 방법을 알아보도록 합니다. 튜너는 케이블 연결형과 클립형이 있습니다. 클립형 튜너는 기타의 헤드 부분에 튜너를 꽂아서 사용하는 것으로 악기를 조율할 때에는 주로 클립형 튜너를 사용합니다.

튜너를 사용하여 튜닝을 할 때는 개방현을 사용합니다. 튜너를 켜고 조율하려는 개방현의 줄을 소리 냈을 때 튜너의 화면에 나타나는 바늘이 조율할 음의 눈금 가운데에 와야 합니다. 바늘이 가운데에 오지 않는다면 헤드의 줄감개를 조였다 풀었다 해보며 바늘이 가운데에 오도록 음정을 조율합니다.

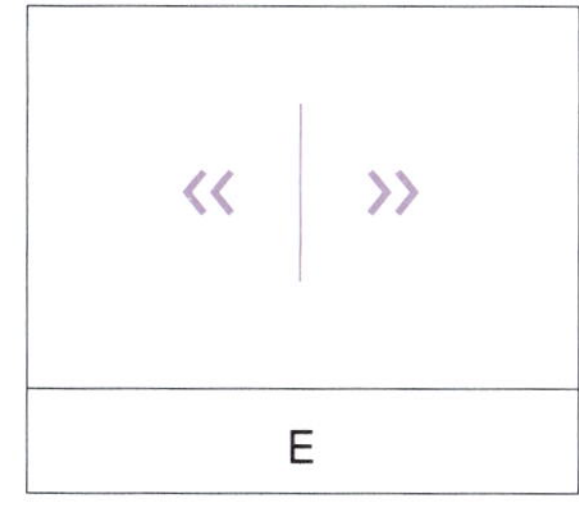

정확한 음정인 경우

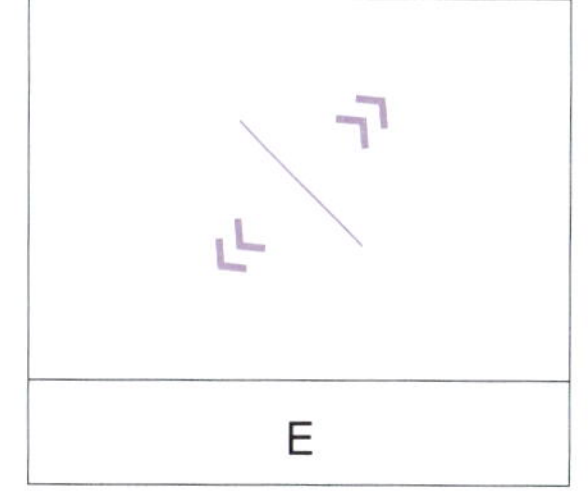

낮거나 높은 음정인 경우

▶ **음표와 쉼표**

악기를 연주하기 위해서는 악기를 어떻게 연주해야 하는지를 설명하는 언어인 음표와 쉼표를 알아야 합니다. 소리를 내야 하는 길이는 음표로, 소리를 내지 않고 쉬어야 하는 길이는 쉼표로 나타냅니다.

| 음표 | 음표 이름 | 박 수 | 길이 | | 쉼표 | 음표 이름 | 박 수 | 길이 |
|---|---|---|---|---|---|---|---|---|
| o | 온음표 | 4박 | WW | | ▬ | 온쉼표 | 4박 | WWW |
| ♩ | 2분 음표 | 2박 | W | | ▬ | 2분 쉼표 | 2박 | W |
| ♩ | 4분 음표 | 1박 | V | | 𝄽 | 4분 쉼표 | 1박 | V |
| ♪ | 8분 음표 | 반박 | \ | | 𝄾 | 8분 쉼표 | 반박 | \ |
| ♬ | 16분 음표 | 반의 반박 | \ | | 𝄿 | 16분 쉼표 | 반의 반박 | \ |

▶ **반복기호**

:‖ (도돌이표) : 처음으로 돌아가서 반복하여 연주합니다.

연주순서 : ❶ → ❷ → ❸ → ❹ → ❶ → ❷ → ❸ → ❹

‖: :‖ (도돌이표) : 도돌이표 사이를 반복하여 연주합니다.

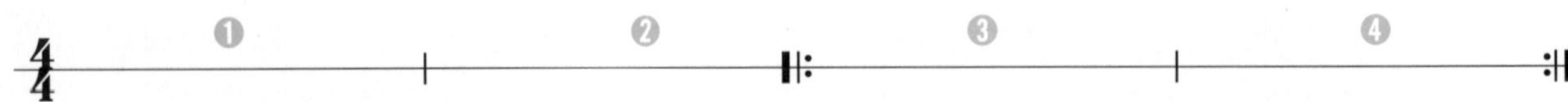

연주순서 : ❶ → ❷ → ❸ → ❹ → ❸ → ❹

**D.C.** (다 카포) : 곡의 처음으로 돌아가라는 기호로 **D.C. al Fine**(디 카포 알 피네)는 처음으로 돌아가서 반복하여 연주한 뒤 **Fine**(피네)에서 마칩니다.

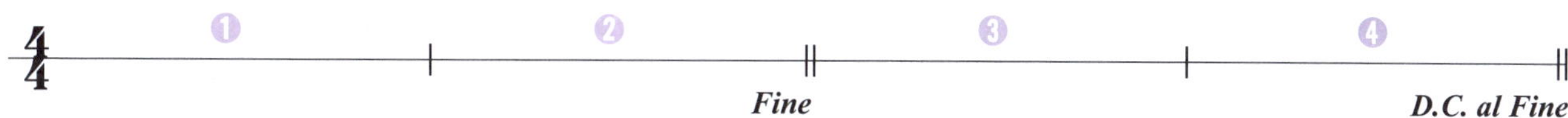


**D.S. al Fine.** (달 세뇨 알 피네) : 𝄋(세뇨)로 돌아가서 반복하여 연주한 뒤 **Fine**(피네)에서 마칩니다.

**D.S. al Coda** (달 세뇨 알 코다) : 𝄋(세뇨)로 돌아가서 반복하여 연주한 뒤 첫번째 ⊕(코다)와 두번째 ⊕(코다) 사이를 건너 뛰어 연주합니다.

# 코드표

코드표(Chord Diagram)는 어떤 손가락으로 어떤 프렛의 줄을 눌러야 하는지 나타낸 것입니다. 코드표는 아래의 사진처럼 기타를 가로로 눕혀 놓은 모양과 같기 때문에 코드표에 나온 모양을 그대로 따라서 치면 코드를 연주할 수 있습니다. 코드를 운지하는 왼손의 손가락번호는 집게손가락부터 1, 2, 3, 4번이며, 엄지는 T라고 표기합니다.

▶ **코드표 보는 방법**

**가로줄 :** 맨 윗줄부터 순서대로 **1**, **2**, **3**, **4**, **5**, **6**번 줄을 의미합니다.

**겹세로줄 :** 너트(**Nut**)를 나타낸 것으로 그 다음 세로줄부터 순서대로 **1**프렛, **2**프렛, **3**프렛…입니다.

**번호 :** 왼손이 운지해야 할 손가락의 번호와 위치입니다.

**겹 동그라미 :** 코드의 근음을 나타냅니다.

**O, X :** 너트 왼쪽에 ○표시가 있으면 개방현을 치고 ×표시가 있으면 그 줄은 치지 않습니다.

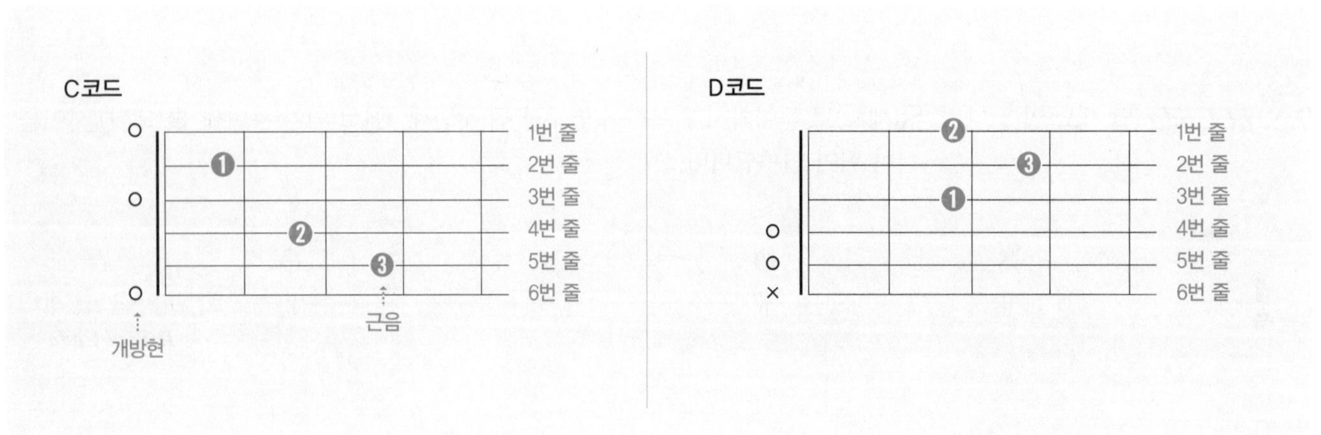

# 자주 사용하는 코드

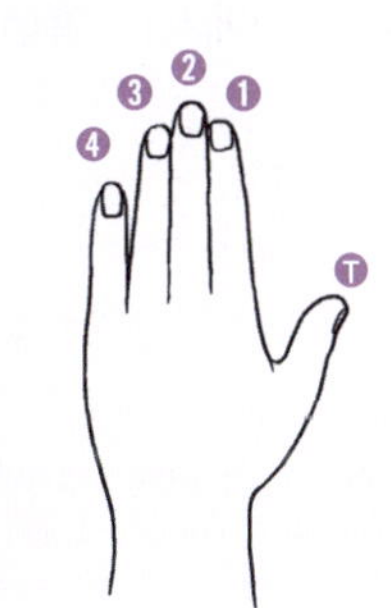

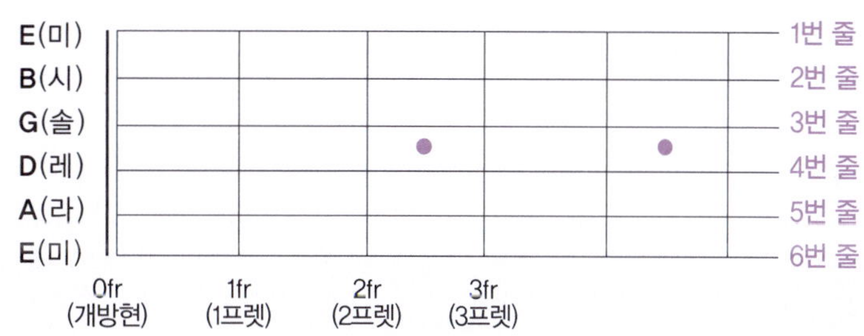



## ▶ 메이저 코드

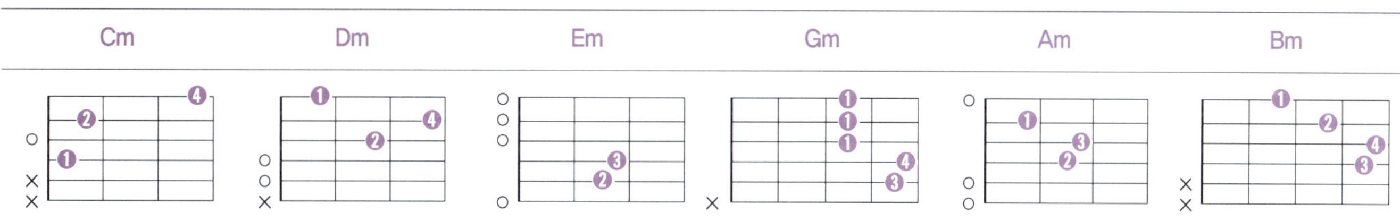



## ▶ 마이너 코드



## ▶ 세븐스 코드



## ▶ 메이저 세븐스 코드

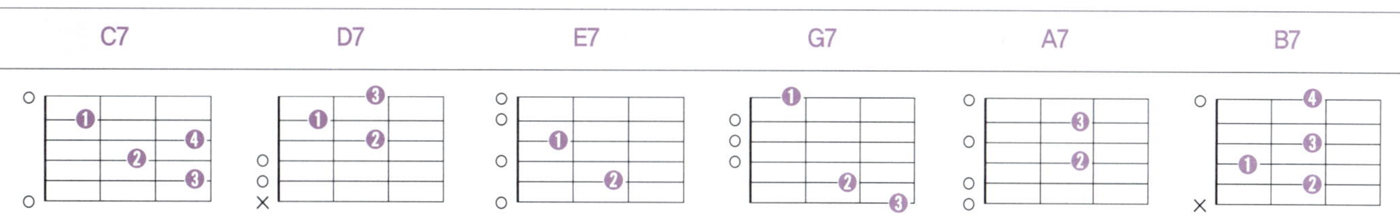

코드 음을 정확하게 소리내기 위해서는 튜닝도 중요하지만 기타의 줄을 누르는 방법도 중요합니다. 여기에서는 줄을 누르는 방법에 대해 알아봅니다.

### ▶ 프렛에 가깝게!

줄을 누르는 손가락이 프렛에서 멀리 떨어지게 되면 줄이 프렛에 제대로 닿지 않기 때문에 정확한 음정을 소리낼 수 없습니다. 줄을 누를 때는 프렛에서 가까운 곳을 눌러줍니다.

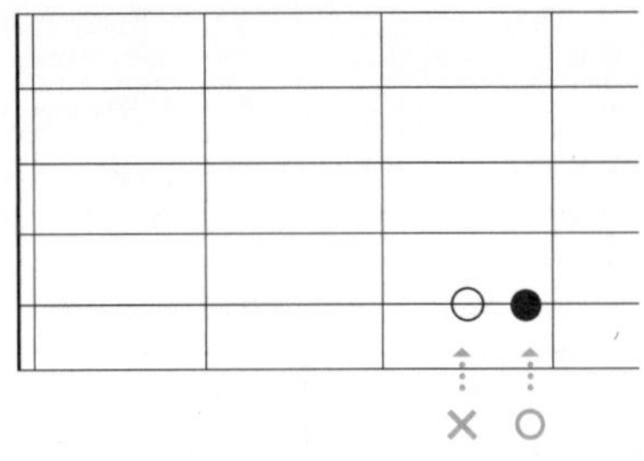

### ▶ 다른 줄에 닿지 않게!

손가락이 다른 줄에 함께 닿게 되면 손가락이 닿은 줄의 소리가 나지 않습니다. 손가락을 최대한 직각으로 하여 줄을 정확히 눌러야 합니다.

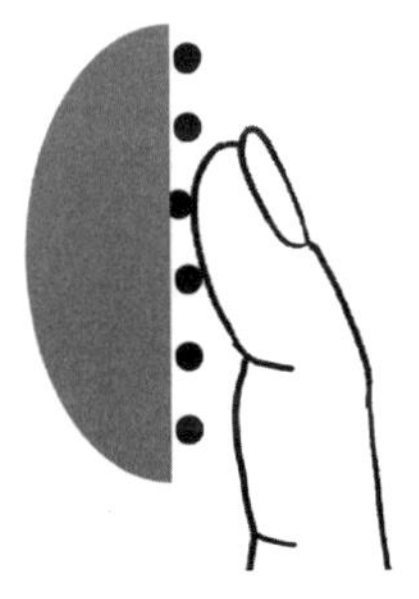
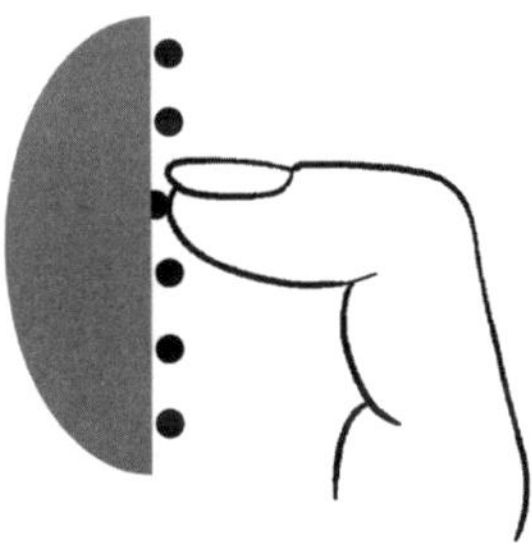

### ▶ 손톱은 짧게!

코드를 운지하는 왼손의 손톱이 길면 손가락을 세워서 줄을 누르기가 힘들므로 **1~4**번 손가락은 손톱을 짧게 깎아야 합니다.

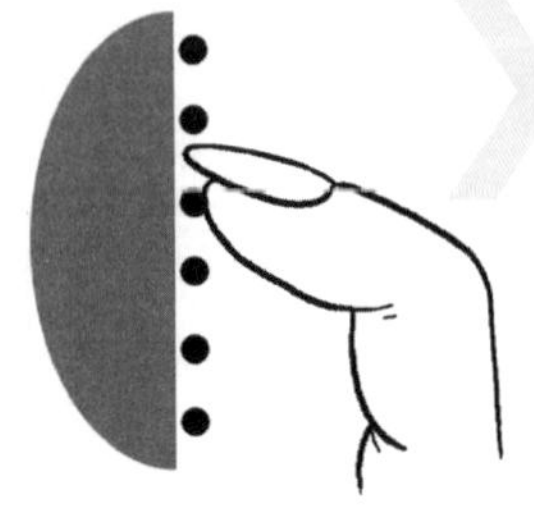
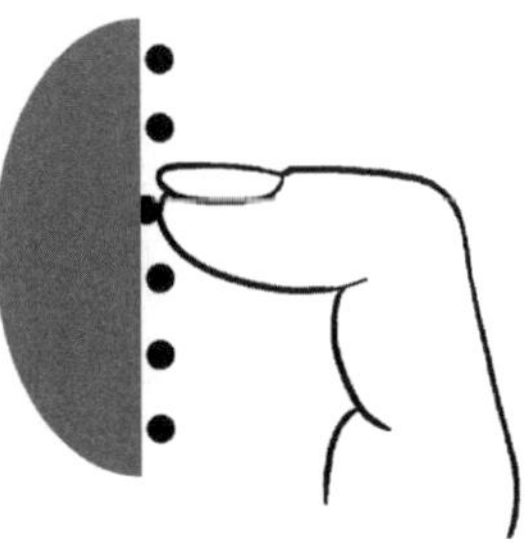

# 기본 자세

혼자 연습하게 될 때 아무래도 의자에 앉거나 방바닥에 앉아서 연습하게 되겠죠? 이 책에서는 앉아서 연주할 때의 기본 자세에 대해 설명하겠습니다.

무릎을 어깨 넓이만큼 살짝 벌려주고 발끝이 너무 벌어지지 않도록 합니다. 오른손잡이라면 기타는 오른쪽 넓적다리에 얹어주세요. 기타 바디의 오목한 부분이 넓적다리에 올라오는 것입니다.

기타를 자신의 몸에서 주먹 하나 들어갈 만큼 공간을 남겨주고 윗부분이 갈비뼈에 오도록 살짝 기울여줍니다. 그리고 기타 헤드가 몸과 평행하지 않게 살짝 비스듬히 합니다. 기타 헤드를 내리지 않고 살짝 올려줍니다.

넥을 잡는 오른손은 손바닥과 넥 사이에 공간을 두고 엄지 손가락이 넥 위로 오도록 잡습니다.

오른팔은 기타의 엉덩이부분에 편안히 올리고 발꿈치를 중심으로 반원을 그리는 기분으로 스트로크 합니다. 연주가 점차 숙달되면 스트랩을 이용하여 서서 연습해 보세요.

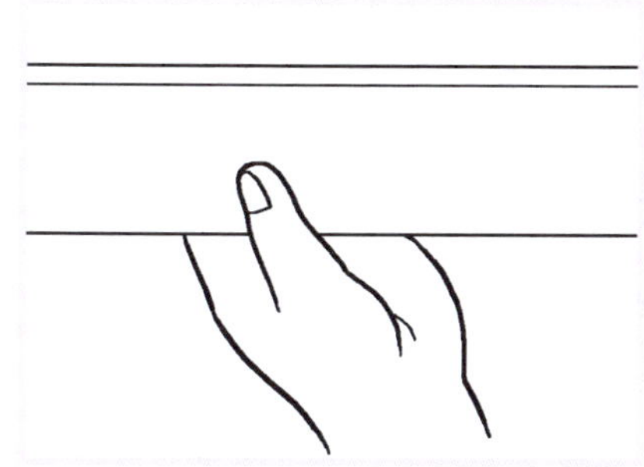

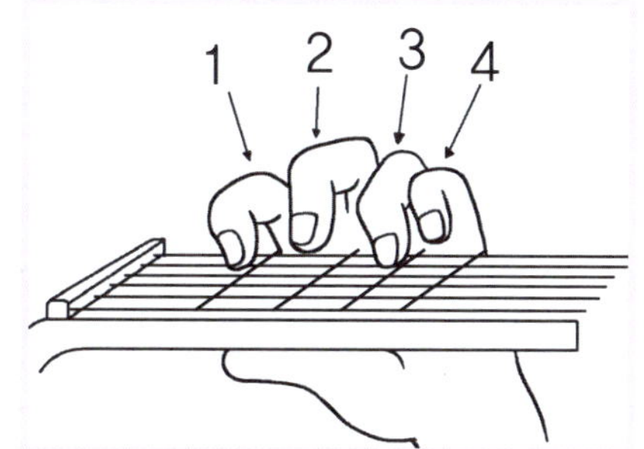


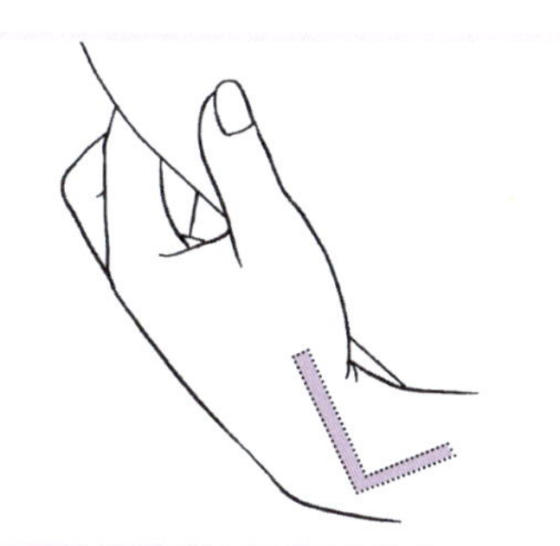

스트로크는 기타의 줄을 내리거나 올려서 치는 것을 의미합니다. 기타의 줄을 아래 방향으로 내려치는 동작을 다운 스트로크(Down Stroke), 위로 올려치는 동작을 업 스트로크(Up Stroke)라고 합니다. 이 때, 스트로크는 사운드 홀의 가운데에서 가볍게 스쳐지나가는 느낌으로 하도록 합니다.

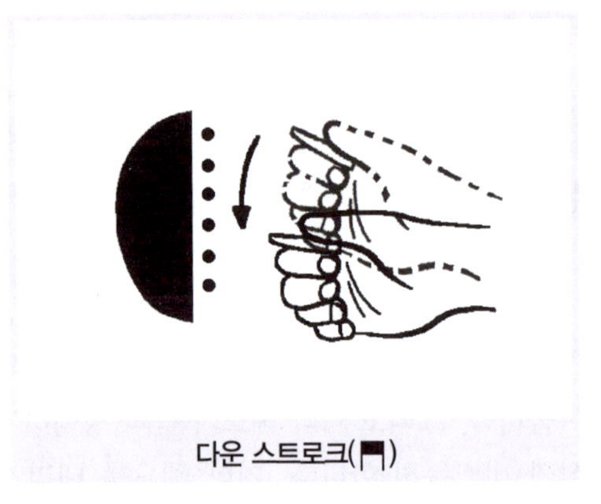

다운 스트로크(┌┐)

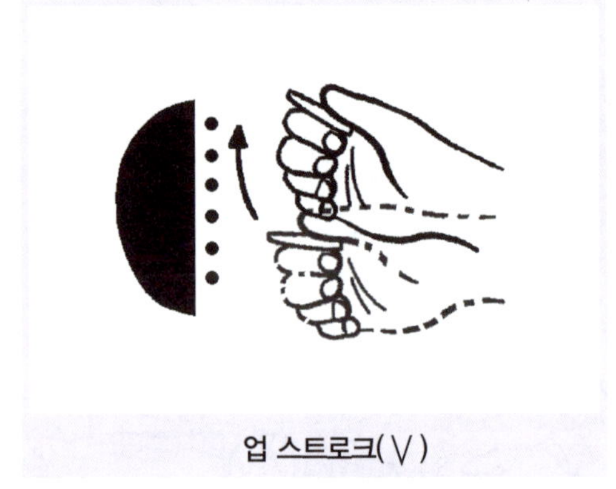

업 스트로크(∨)

### ▶ 피크를 사용한 스트로크

피크는 연주자의 취향과 연주하는 방식, 장르에 따라 여러 가지 모양 중 선택하여 사용할 수 있지만 초보자라면 일반적으로 삼각형 모양이나 물방울 모양을 사용하는 것이 좋습니다. 스트로크를 할 때는 **1mm** 정도 두께의 피크가 좋으나 멜로디를 연주할 때는 좀 더 두꺼운 피크를 사용하는 것이 좋습니다.

피크를 쥘 때는 엄지와 검지가 교차하는 사이에 피크를 넣는다고 생각하고 엄지와 피크의 끝이 **90도**가 되도록 잡습니다. 이 때 피크를 받치고 있는 검지는 피크 밖으로 나오지 않고 피크 뒤에 숨어있어야 하며, 엄지도 피크 바깥으로 너무 삐져나가지 않도록 합니다. 피크는 연주 중에 떨어뜨리지 않을 정도의 힘만 주고 잡습니다.

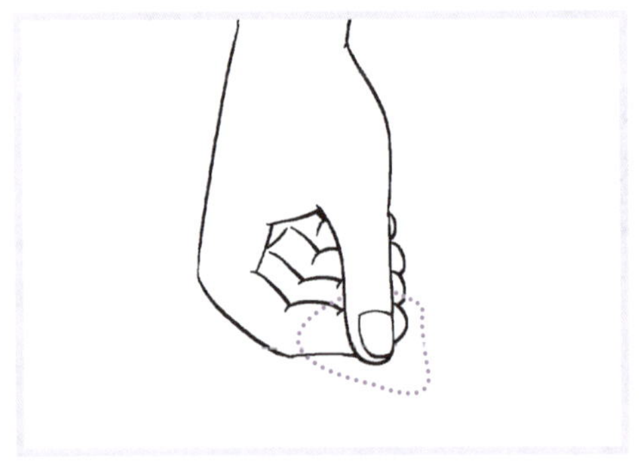

조용한 노래를 연주할 때는 엄지로만 스트로크를 합니다. 이 때 엄지는 곧게 펴고 나머지 손가락은 가볍게 말아 쥔 채로 손목의 힘을 빼고 스치듯이 연주합니다.

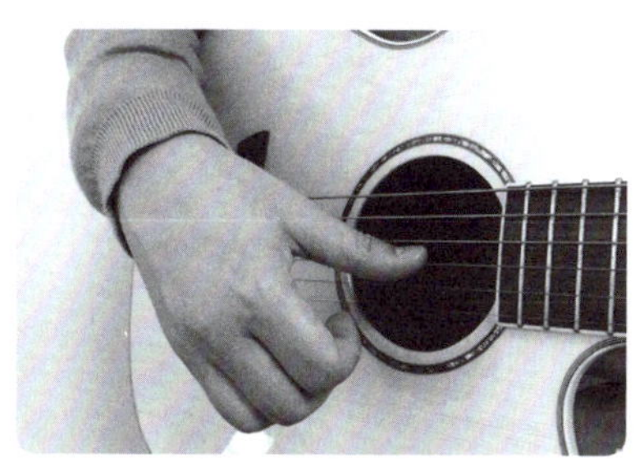

다운 스트로킹

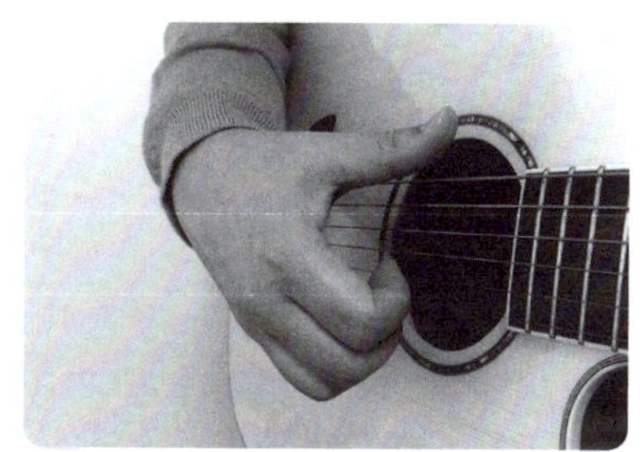

업 스트로킹

엄지와 검지를 함께 사용하는 스트로크는 엄지만 사용하여 스트로크 하는 것보다 더 또렷하게 소리를 낼 수 있습니다. 엄지와 검지를 사용하는 경우에는 다운 스트로크를 할 때 검지를 사용하고 업 스트로크를 할 때 엄지를 사용합니다.

다운 스트로킹

업 스트로킹

노래가 고조되는 부분이나 강한 느낌의 스트로크가 필요할 때는 손가락 전체를 사용하여 스트로크를 할 수도 있습니다. 이 경우 업 스트로크는 엄지를 가볍게 말아 쥐며 올려치고, 다운 스트로크는 나머지 손가락을 쭉 펴면서 내려칩니다.

다운 스트로킹

업 스트로킹

Chapter **02**

# 코드와
# 스트로크

# A코드, E코드

## ▶ A코드 운지

Step 1 : **4**번 줄 **2**프렛을 **2**번 손가락으로 누릅니다.
Step 2 : **3**번 줄 **2**프렛을 **3**번 손가락으로 누릅니다.
Step 3 : **2**번 줄 **2**프렛을 **4**번 손가락으로 누릅니다.

*Tip : 6번 줄은 엄지손가락을 가볍게 올려 소리가 나지 않도록 뮤트(Mute) 해줍니다.

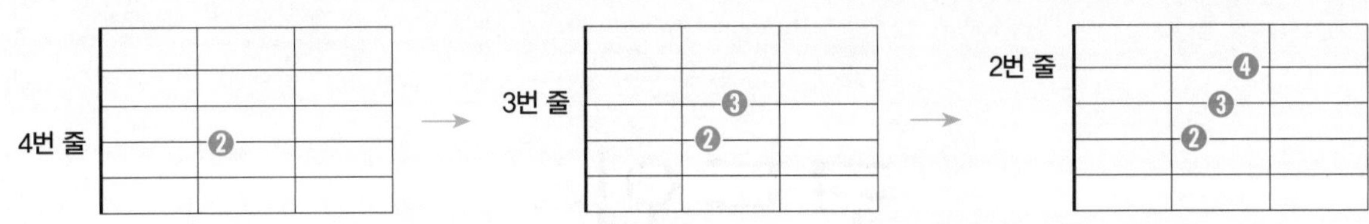

## ▶ E코드 운지

Step 1 : **5**번 줄 **2**프렛을 **2**번 손가락으로 누릅니다.
Step 2 : **4**번 줄 **2**프렛을 **3**번 손가락으로 누릅니다.
Step 3 : **3**번 줄 **1**프렛을 **1**번 손가락으로 누릅니다.

*Tip : 1, 2번 줄의 개방현 소리가 잘 날 수 있도록 3번 줄을 누르고 있는 1번 손가락을 정확히 세우도록 합니다.

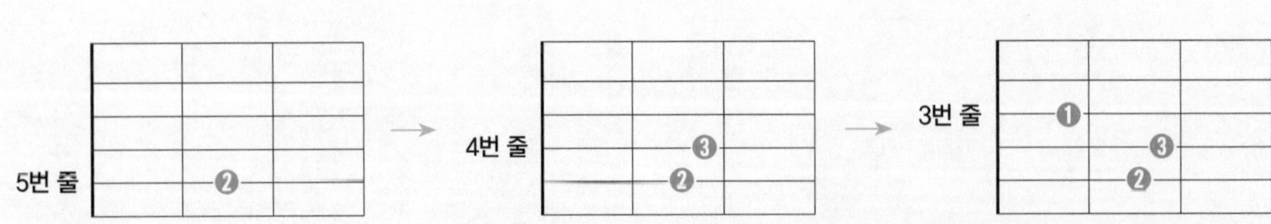

**▶ 다운 스트로크**

앞에서 배운 **A**코드와 **E**코드를 다운 스트로크 합니다. 다운 스트로크는 ⊓로 표기합니다. 코드를 보고 **1**박에 한 번씩 스트로크하여 **A**코드와 **E**코드를 각각 연습해 봅니다.

Exercise 1

Exercise 2

**▶ 코드 체인지 연습**

이번에는 **4**박에 한 번씩 **A**코드와 **E**코드를 바꿔서 스트로크 합니다. 코드를 바꿀 때는 네 번째 박을 치고 바로 손을 떼 다음 코드를 준비해야 합니다.

Exercise 1

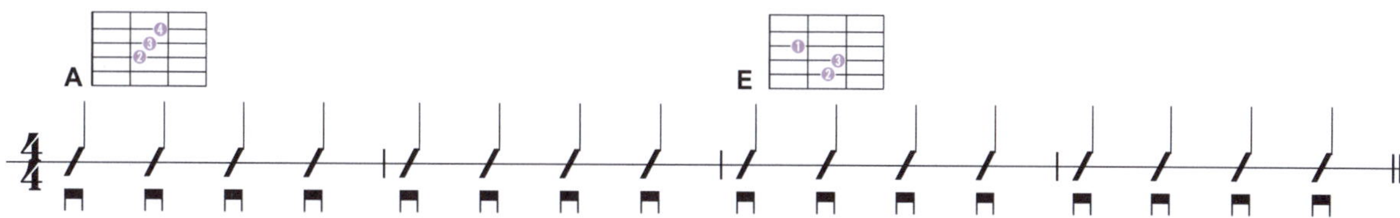

Exercise 2

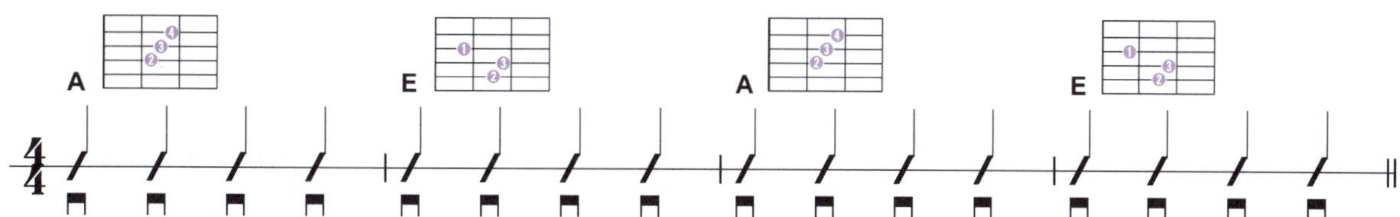

# 나비야

● 도이칠란드 민요

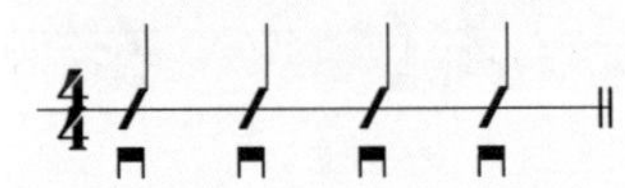

나 비 야 나 비 야 이 리 날 아 오 너 라
호 랑 나 비 흰 나 비 춤 을 추 며 오 너 라
봄 바 람 에 꽃 잎 도 방 긋 방 긋 웃 으 며
참 새 도 짝 짝 쿵 노 래 하 며 춤 춘 다

# 텔레비전

● 정근 작사 · 작곡

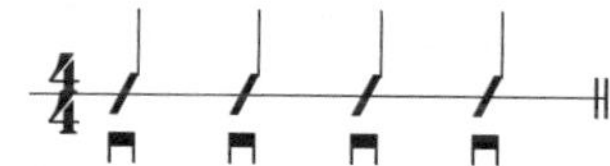

♩ = 90

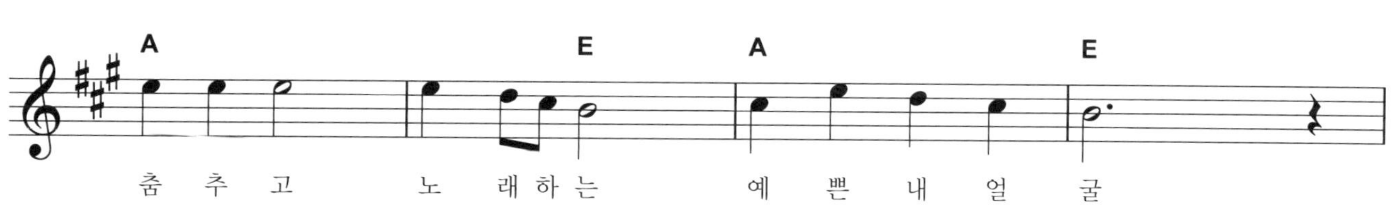

# E7코드

## ▶ E7코드 운지

Step 1 : **5**번 줄 **2**프렛을 **2**번 손가락으로 누릅니다.
Step 2 : **3**번 줄 **1**프렛을 **1**번 손가락으로 누릅니다.

*Tip : E코드에서 4번 줄의 3번 손가락을 떼면 E7코드가 됩니다.

## ▶ 코드 체인지 연습

*Tip : E7코드로 체인지가 어렵다면 익숙해질 때까지 E7코드 대신 E코드로 연습해도 좋습니다.

Exercise 1

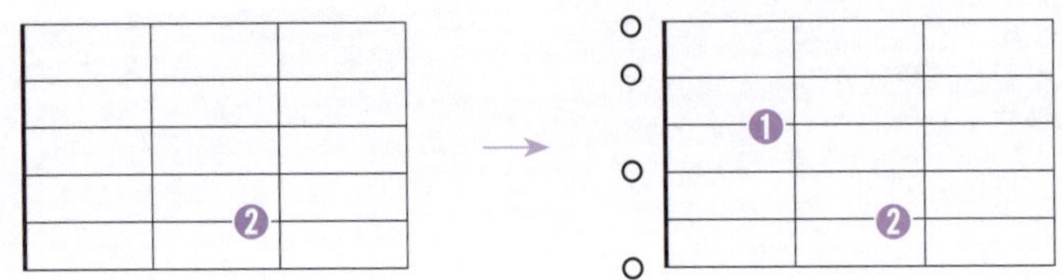

Exercise 2

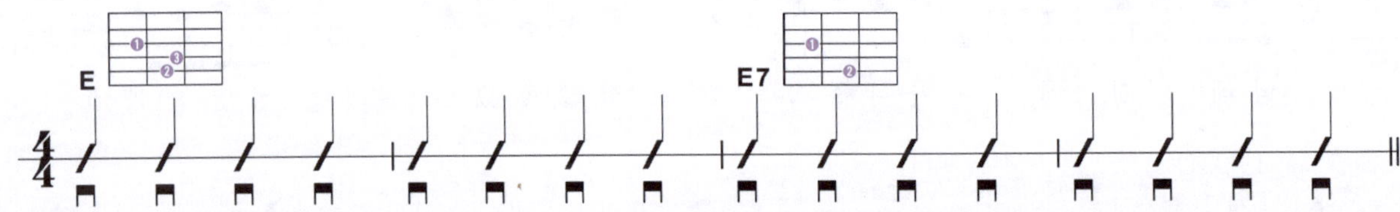

Exercise 3

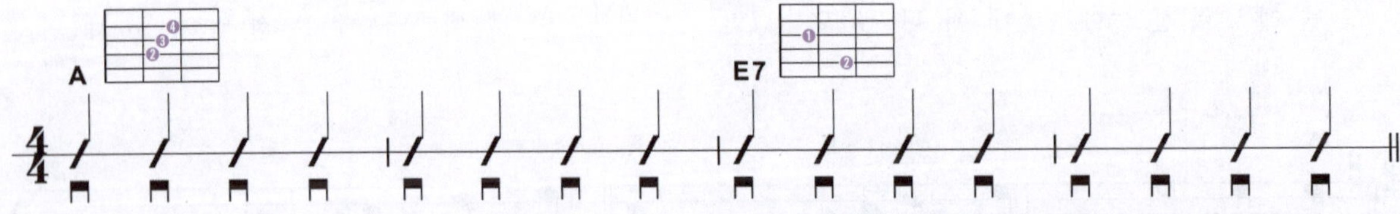

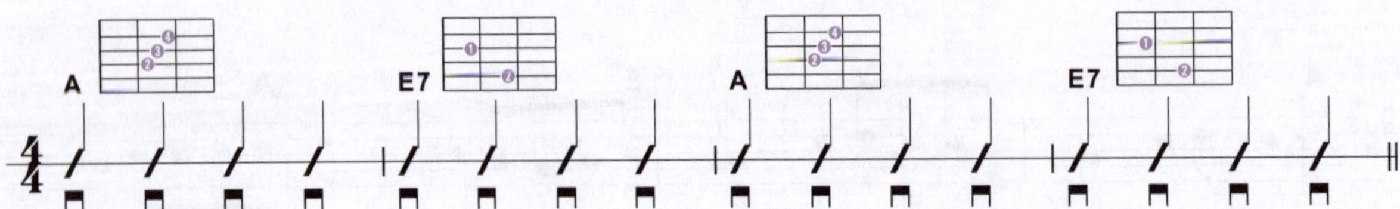

# 클레멘타인

● 외국 곡

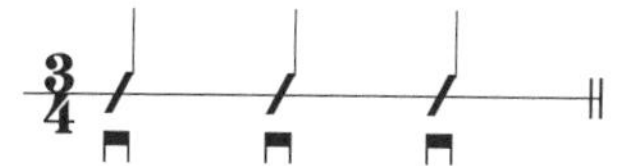

♩ = 90

A        E7

넓 고 넓 은    바  닷 가  에    오 막 살    이 집 한 채
내 사 랑 아    내  사 랑  아    나 의 사    랑 클 레 멘 타 인

E7        A        E7        A

고 기 잡 는    아 버 지 와    철 모 르  는    딸 있 네
늙 은 아 비    혼 자 두 고    영 영 어  디    갔 느 냐

# 창 밖을 보라

● 외국 곡

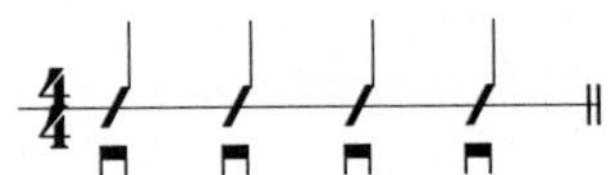

♩ = 90

A
E
창밖을보라 창밖을보라 흰눈이내린다
E7
A
창밖을보라 창밖을보라 한겨울이왔다
A
E
썰매를타는 어린애들은 해가는줄도모르고
E7
A
눈길위에다 썰매를깔고 즐겁게달린다

# D코드

## ▶ D코드 운지

Step 1 : **3**번 줄을 **2**프렛을 **1**번 손가락으로 누릅니다.
Step 2 : **2**번 줄 **3**프렛을 **3**번 손가락으로 누릅니다.
Step 3 : **1**번 줄 **2**프렛을 **2**번 손가락으로 누릅니다.

*Tip : 6번 줄이 소리나지 않도록 하기 위해 왼손 엄지손가락을 6번 줄에 살짝 댄 상태에서 다른 손가락을 운지합니다.

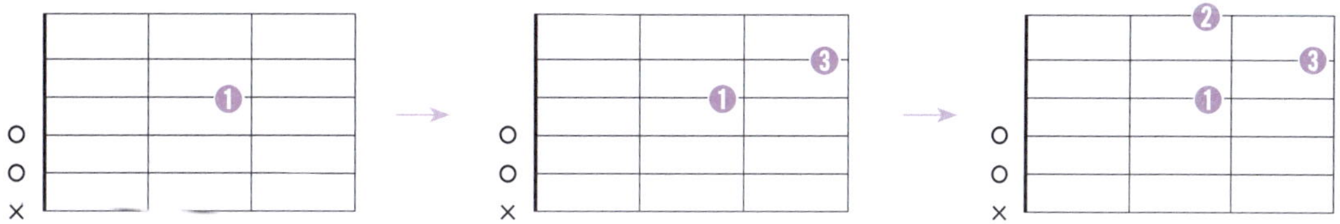

## ▶ 코드 체인지 연습

Exercise 1

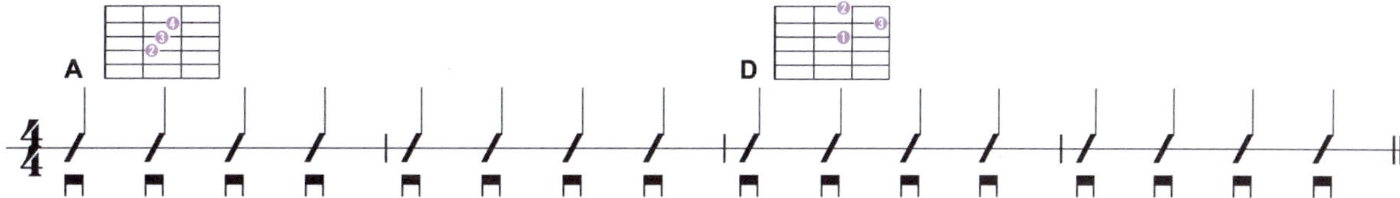

Exercise 2

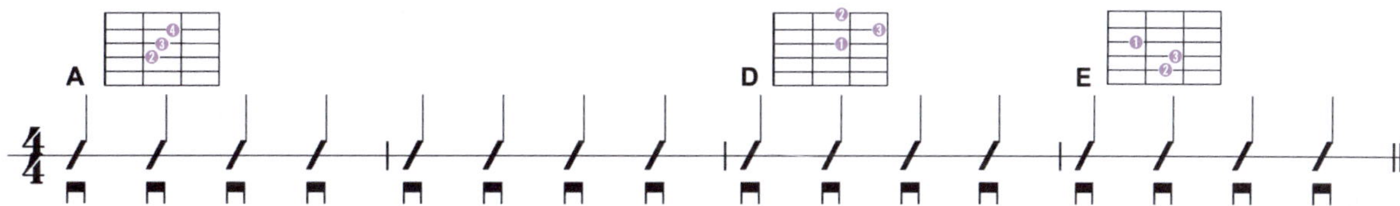

Exercise 3

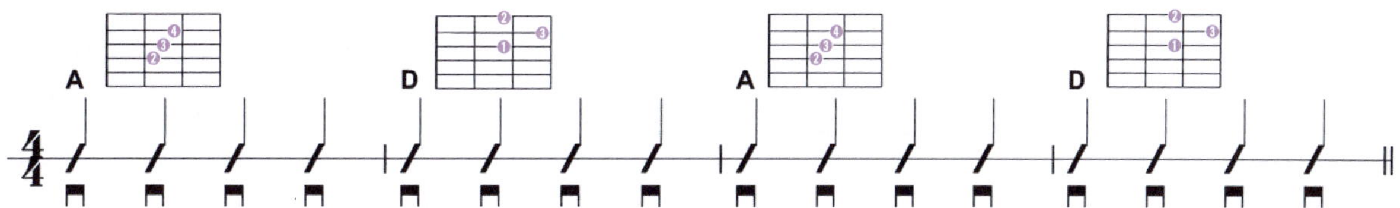

# 곰 세 마리

● 작사 · 작곡 미상

♩ = 100
D
곰 세 마 리 가 한 집 에 있 어 아 빠 곰 엄 마 곰 애 기 곰
D                                                              A
아 빠 곰 은 뚱 뚱 해 엄 마 곰 은 날 씬 해
D              A              D              A    D
애 기 곰 은 너 무 귀 여 워 으 쓱 으 쓱 잘 한 다

# 매직 카펫 라이드

● 김윤아 작사 · 작곡

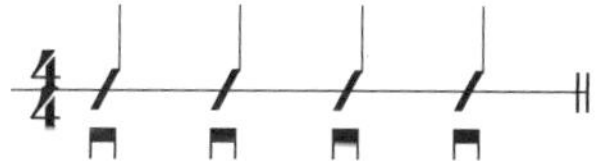

쓰 지 마 요 그 -렇고그-런얘 기 들                                골 치
왠 일 인 지 인 -생이재-미없 다 면

아 픈 일 은 내 -일로미-뤄버 려 요                               인생은
지 난 일 은 모 -두다잇-어버 려 요                               기회는

-한 번 뿐 후 회 하 -지 마 요-진 짜 로 -가 지 고-싶 은 걸 -가 져 요   이렇게
-한 번 뿐 실 수 하 -지 마 요-진 짜 로 -해 내 고-싶 은 걸

멋 진 파 란 하 -늘위에 지 어진 마 법 정 원 으 -로 와 요   색색의

보 석 꽃과노 -루비단 달 콤 한 우 리 두사람 -

2, 3. D
- 찾아요 용 감 하게 씩 - 씩하게 - 오 늘의당 신을 버
- 려봐요 이렇게멋 진 파란하 - 늘위로 날으는마 법 융 단
- 을타고 이렇게멋 진 장미빛 - 인생을 당신과 나 와 우리둘
넛 진 초록바 - 닷속을 달리는빨 간 자동차
- 이함께 - - 인생은 - 를타고 이렇게
D.S. al Coda
멋 진 푸른세 - 상속을 날으는마 법 융 단 - 을타고 이렇게
멋 진 장미빛 - 인생을 당신과 나 와 우리둘 - 이함께 - -

## ▶ A7코드 운지

Step 1 : **4**번 줄 **2**프렛을 **2**번 손가락으로 누릅니다.
Step 2 : **2**번 줄 **3**프렛을 **3**번 손가락으로 누릅니다.

*Tip : A코드를 잡은 상태에서 3번 손가락을 떼도 A7코드가 됩니다.

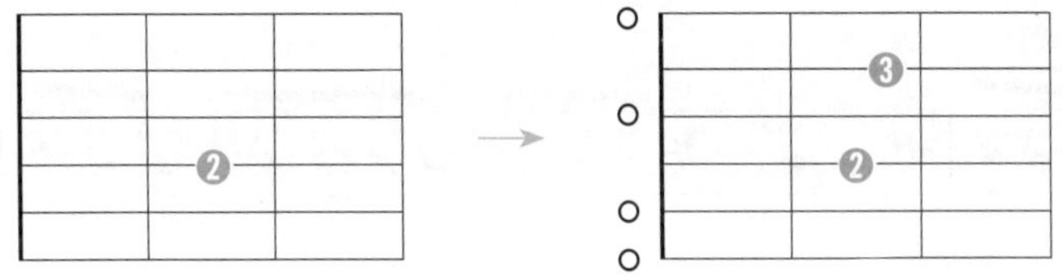

## ▶ 코드 체인지 연습

Exercise 1

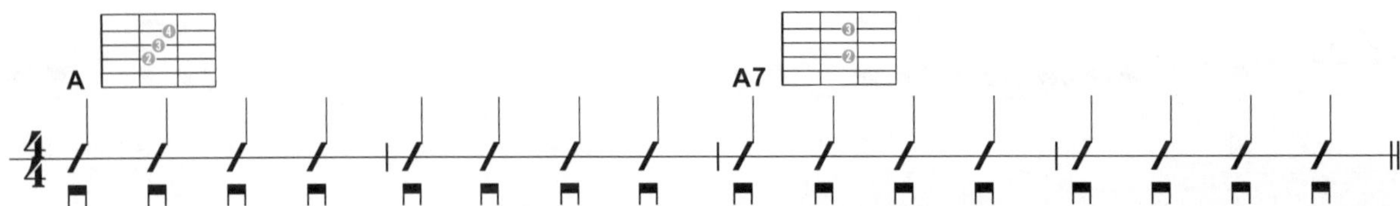

Exercise 2

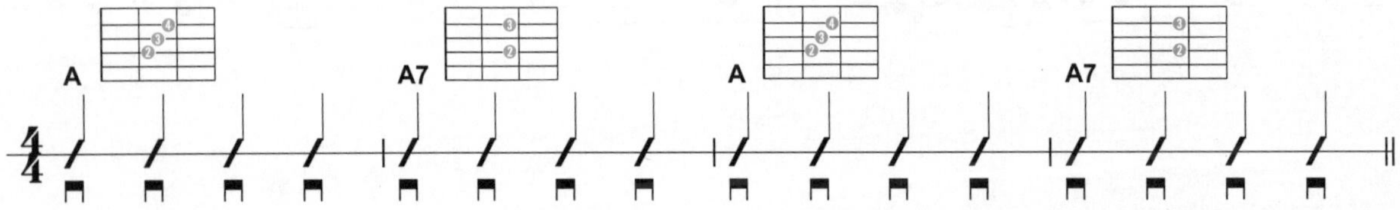

Exercise 3

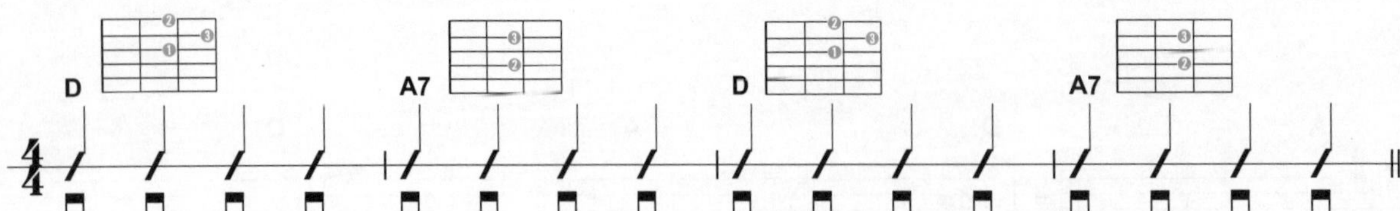

# 엄마 돼지 아기 돼지

박홍근 작사
김규환 작곡

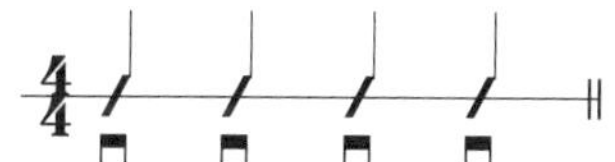

# 코끼리 아저씨

● 변규만 작사 · 작곡

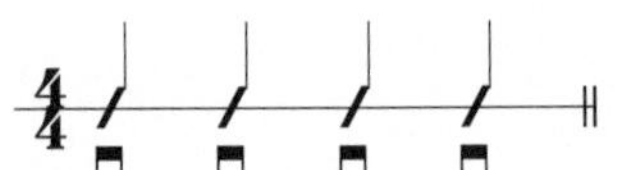

당 신은육지멋쟁 이
나 는 바다이쁜 이
천생연분결혼합시 다
어머어머어머어머 어머어머어머어머
예식장은용궁예식 장
주 례는문어아저 씨
피아노는오징어 예물 은조개껍데 기

# 05

# D7코드

## ▶ D7코드 운지

Step 1 : **2**번 줄 **1**프렛을 **1**번 손가락으로 누릅니다.

Step 2 : **3**번 줄 **2**프렛을 **2**번 손가락, **1**번 줄 **2**프렛을 **3**번 손가락으로 동시에 누릅니다.

*Tip : 6번 줄이 소리나지 않도록 하기 위해 왼손 엄지손가락을 6번 줄에 살짝 댄 상태에서 다른 손가락을 운지합니다.

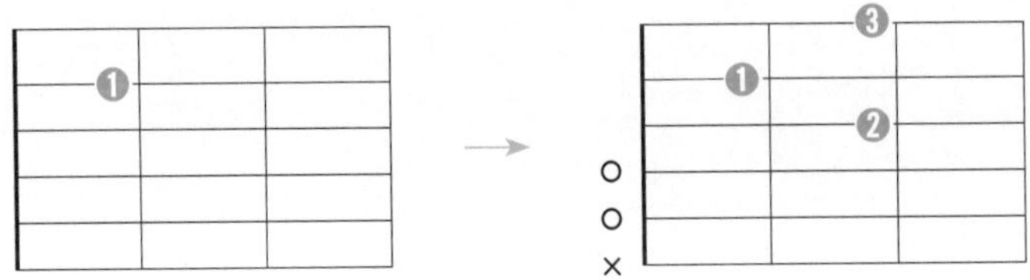

## ▶ 코드 체인지 연습

Exercise 1

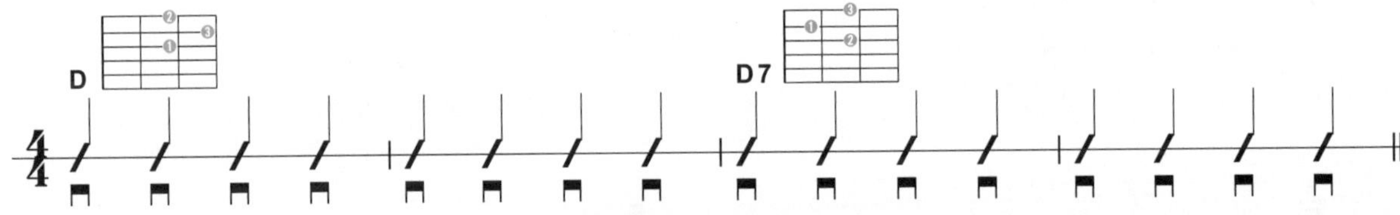

Exercise 2

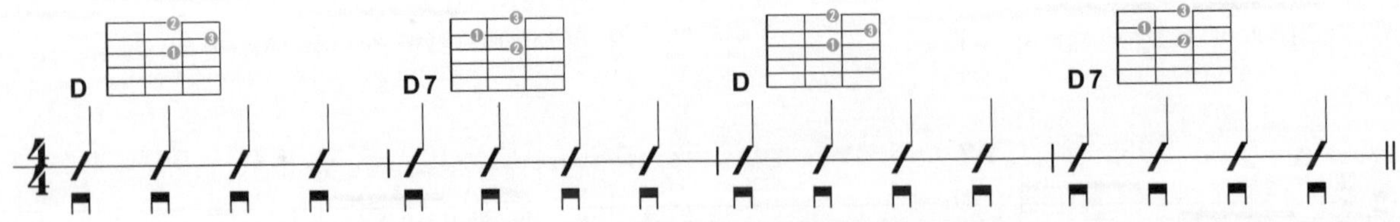

Exercise 3

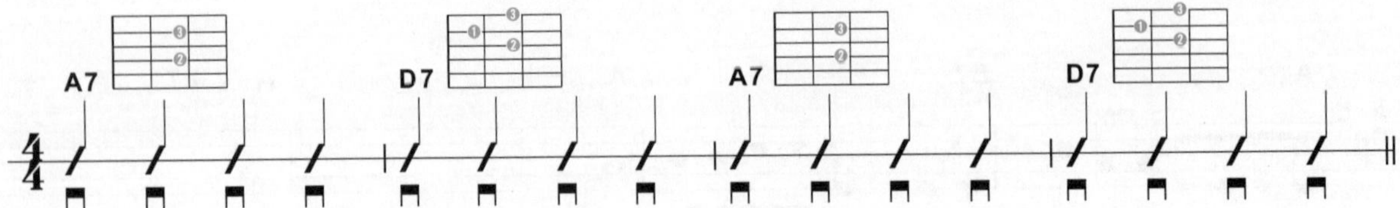

# 열 꼬마 인디언

● 미국 민요

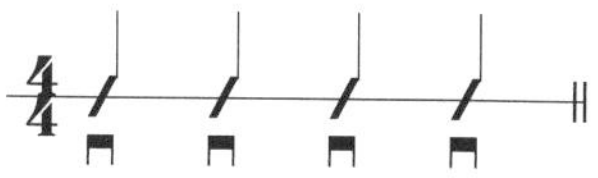

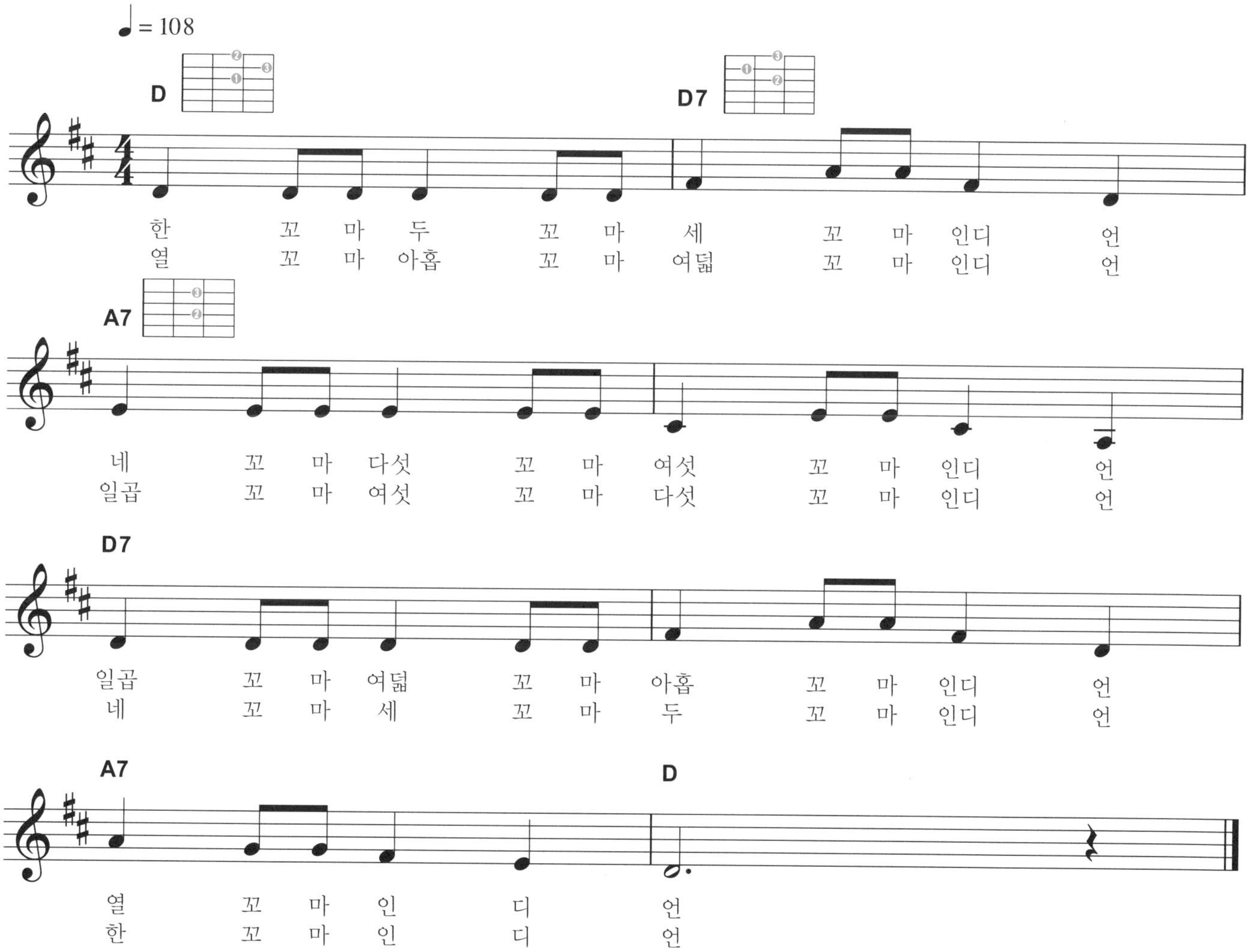
= 108
D
D7
한 꼬 마 두 꼬 마 세 꼬 마 인디 언
열 꼬 마 아홉 꼬 마 여덟 꼬 마 인디 언
A7
네 꼬 마 다섯 꼬 마 여섯 꼬 마 인디 언
일곱 꼬 마 여섯 꼬 마 다섯 꼬 마 인디 언
D7
일곱 꼬 마 여덟 꼬 마 아홉 꼬 마 인디 언
네 꼬 마 세 꼬 마 두 꼬 마 인디 언
A7
D
열 꼬 마 인 디 언
한 꼬 마 인 디 언

# 울면 안돼

● H. Gillespie 작사
● J. Fred Coots 작곡

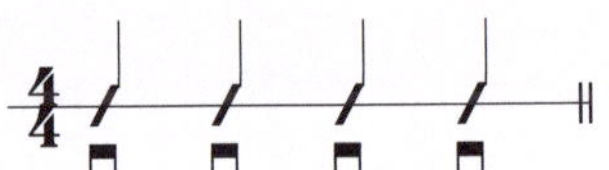

♩ = 100

# 06

# 저음부와 고음부 분할 스트로크

스트로크를 할 때 저음부와 고음부를 나누어서 치면 더욱 풍부한 소리를 낼 수 있습니다. 이 때 저음줄(4, 5, 6번)과 고음줄(1, 2, 3번)을 정확하게 나누어 스트로크 하는 것이 아니라 대충 저음부와 고음부를 나누어 치도록 합니다.

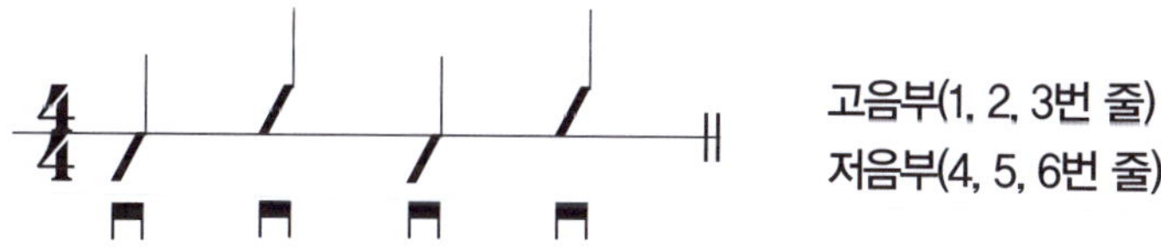


▶ 분할 스트로크 연습

Exercise 1

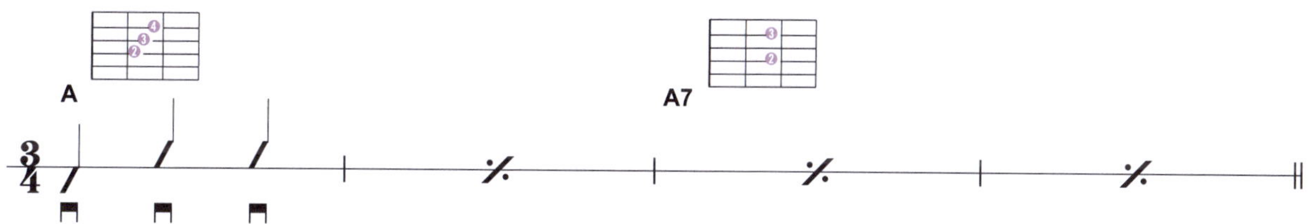

Exercise 2

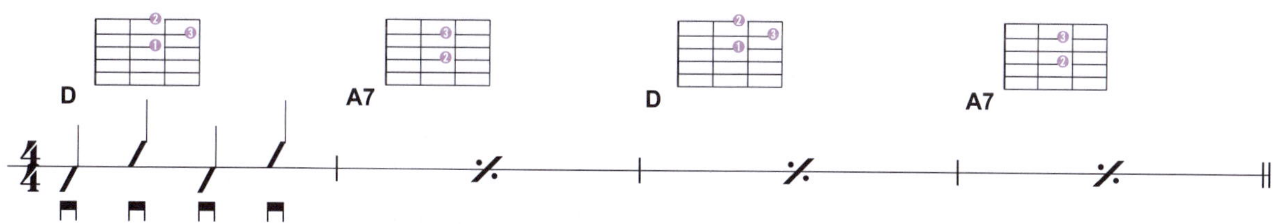

Exercise 3

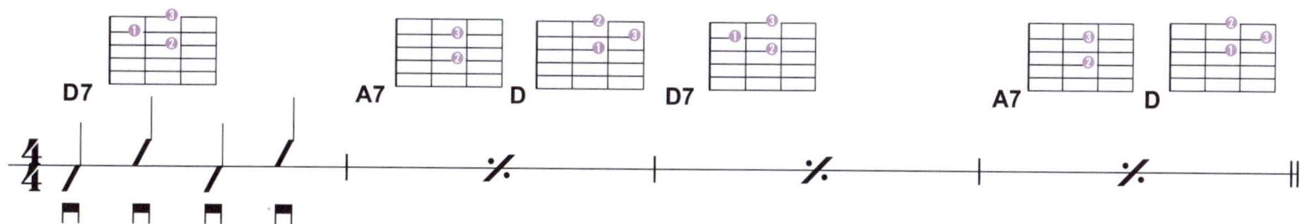

# 고요한 밤 거룩한 밤

● F. Gruber 작곡

♩ = 88

# 올챙이와 개구리

● 윤현진 작사 · 작곡

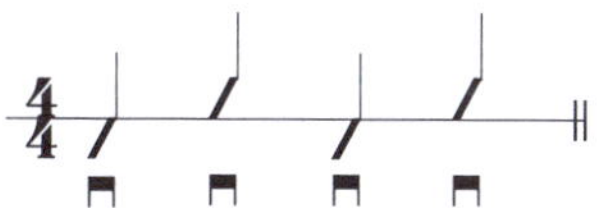

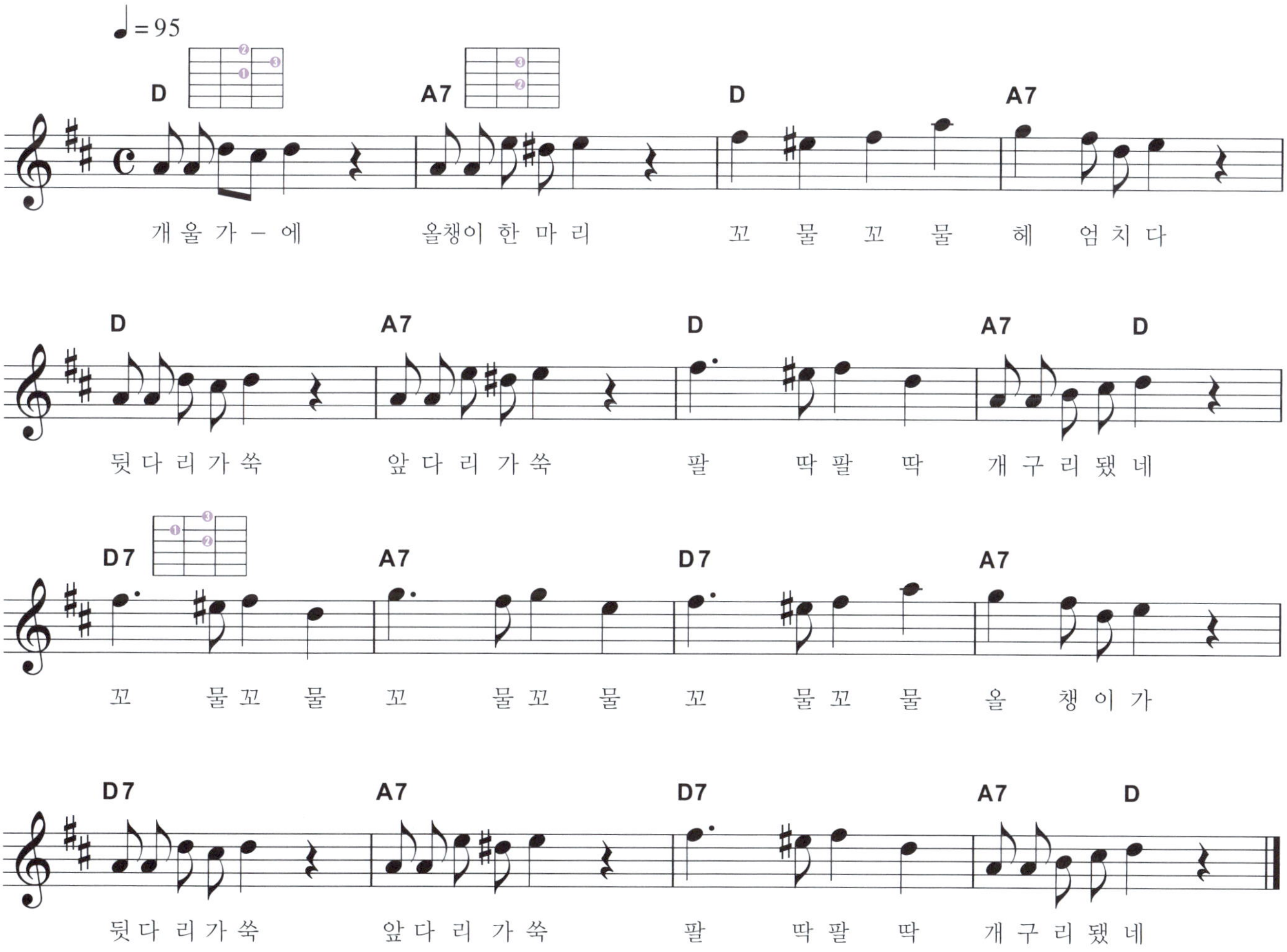

♩ = 95

개 울 가 – 에　　올챙이 한 마 리　　꼬 물 꼬 물 헤 엄 치 다

뒷 다 리 가 쑥　　앞 다 리 가 쑥　　팔 딱 팔 딱 개 구 리 됐 네

꼬 물 꼬 물 꼬 물 꼬 물 꼬 물 꼬 물 올 챙 이 가

뒷 다 리 가 쑥　　앞 다 리 가 쑥　　팔 딱 팔 딱 개 구 리 됐 네

## ▶ G코드 운지

Step 1 : **6**번 줄 **3**프렛을 **3**번 손가락으로 누릅니다.
Step 2 : **5**번 줄 **2**프렛을 **2**번 손가락으로 누릅니다.
Step 3 : **1**번 줄 **3**프렛을 **4**번 손가락으로 누릅니다.

*Tip : 6번 줄 3프렛을 2번 손가락, 5번 줄 2프렛을 1번 손가락으로 눌러도 좋습니다.

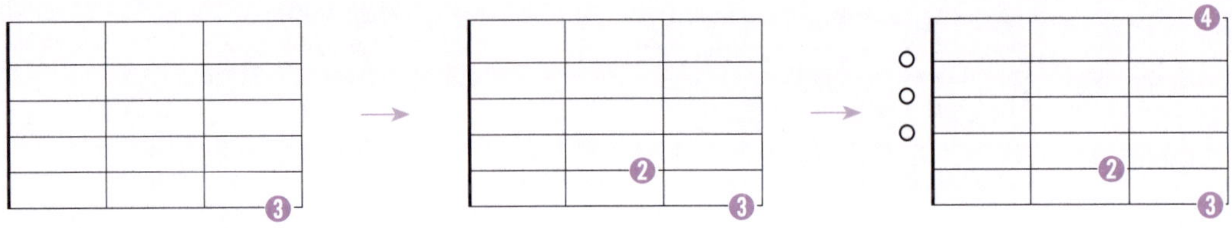

## ▶ G7코드 운지

Step 1 : **6**번 줄 **3**프렛을 **3**번 손가락으로 누릅니다.
Step 2 : **5**번 줄 **2**프렛을 **2**번 손가락으로 누릅니다.
Step 3 : **1**번 줄 **1**프렛을 **1**번 손가락으로 누릅니다.

*Tip : G코드에서 1번 줄 3프렛을 1프렛으로 옮기면 G7코드가 됩니다.

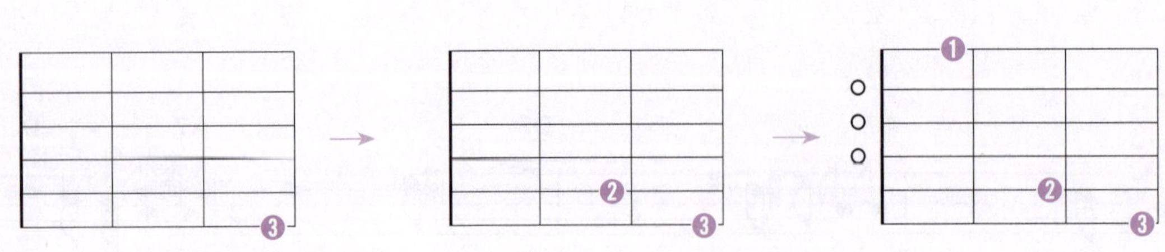

Exercise 1

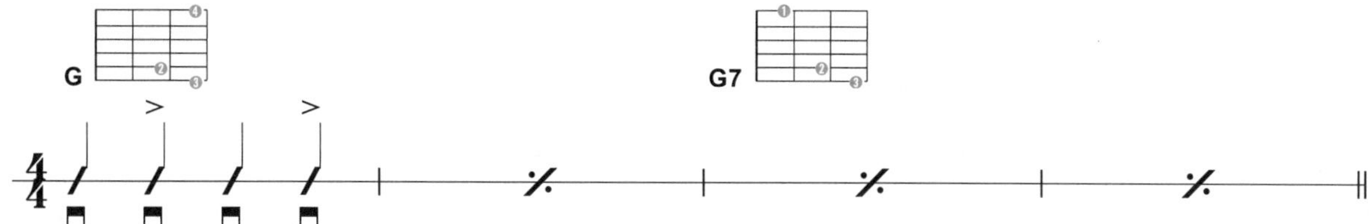

Exercise 2

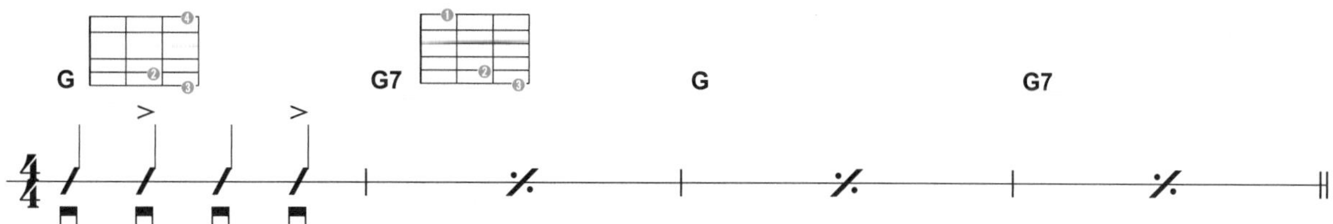

Exercise 3

Exercise 4

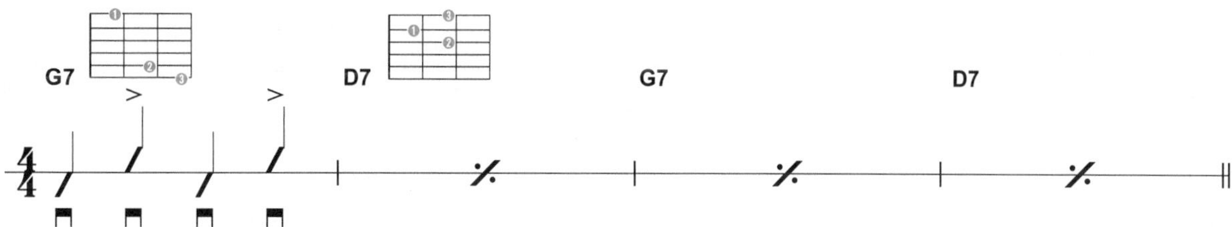

Exercise 5

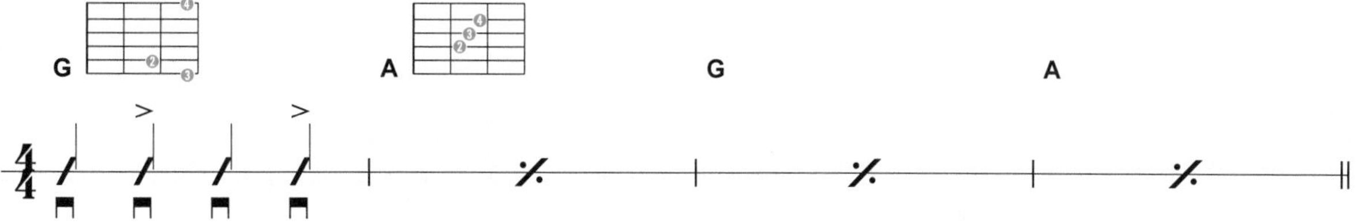

# 모두가 천사라면

● 박건호 작사
● 외국 곡

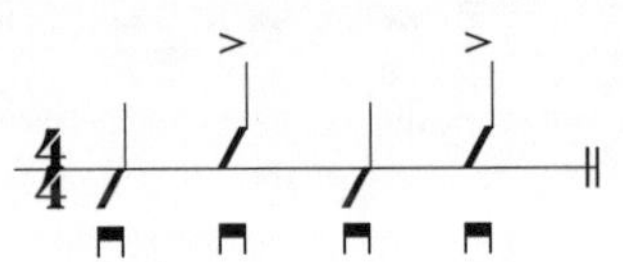

# 밥만 잘 먹더라

● Hitman Bang 작사 · 작곡

# Hey Hey Hey

● 김윤아 작사 · 작곡

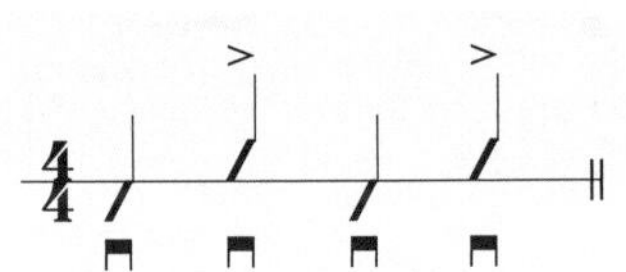

어 두 운 날 들 이 여 안 녕 − − 외 로 운 눈 물 이 여
안 녕 − 이 제 − 는 날 아 오 를 시 간 − 이 라 고 생 각 해
안 녕 − 이 제 − 는 행 복 해 질 시 간 − 이 라 고 생 각 해
Hey Hey Hey −
Hey Hey Hey − 영 원 히
− 내 곁 에 − 눈 뜨 면 − 언 제 나 − 그 대 의
− 미 소 가 − 나 를 웃 게 하 지
영 원 히 − 나 를 웃 게 하 지
햇 살 이 한 − 가 득 파 란 하 늘 을 채 우 고 −
꽃 을 든 그 − 대 가 나 의 마 음 을 채 우 고 −
향 기 가 한 − 가 득 하 얀 도 시 를 채 우 고 −
꽃 다 운 내 − − 가 그 대 의 마 음 을 채 우 고 −

▶ C코드 운지

Step 1 : **5**번 줄 **3**프렛을 **3**번 손가락으로 누릅니다.
Step 2 : **4**번 줄 **2**프렛을 **2**번 손가락으로 누릅니다.
Step 3 : **2**번 줄 **1**프렛을 **1**번 손가락으로 누릅니다.

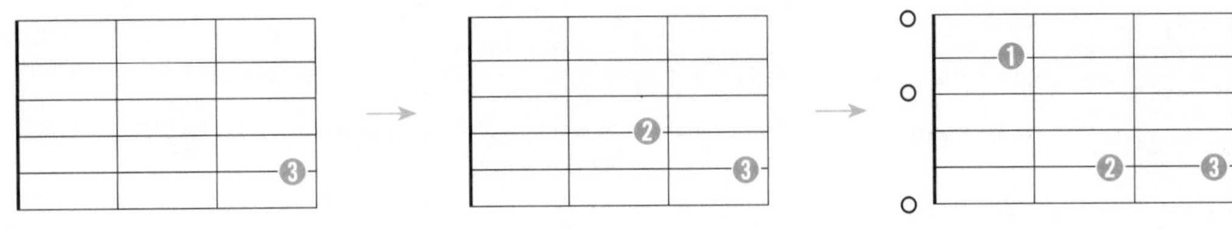

▶ Em코드 운지

Step 1 : **5**번 줄 **2**프렛을 **2**번 손가락으로 누릅니다.
Step 2 : **4**번 줄 **2**프렛을 **3**번 손가락으로 누릅니다.

*Tip : E코드에서 3번 줄을 누르고 있는 1번 손가락을 떼면 Em코드가 됩니다.

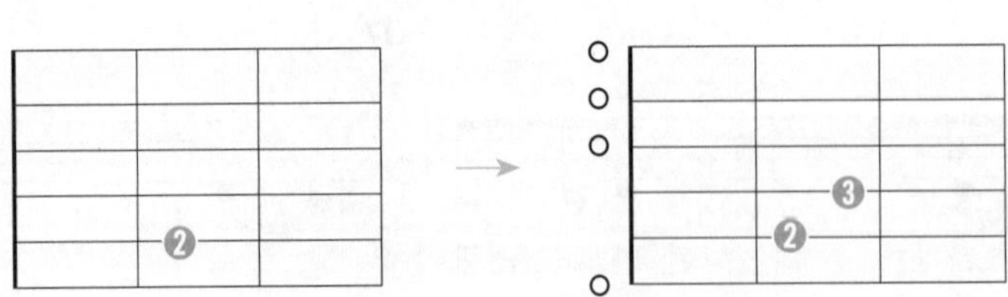

Exercise 1

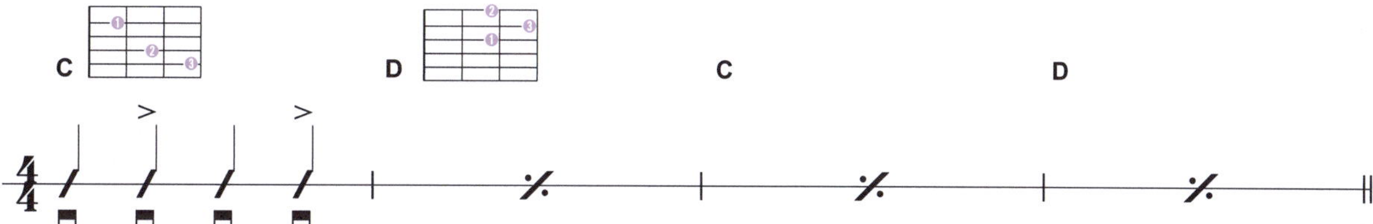

Exercise 2

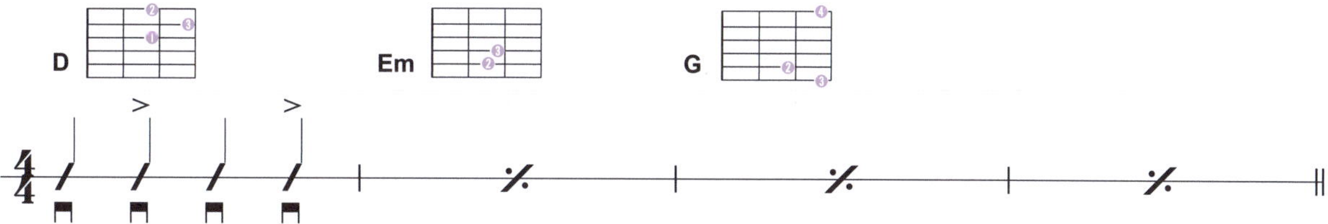

Exercise 3

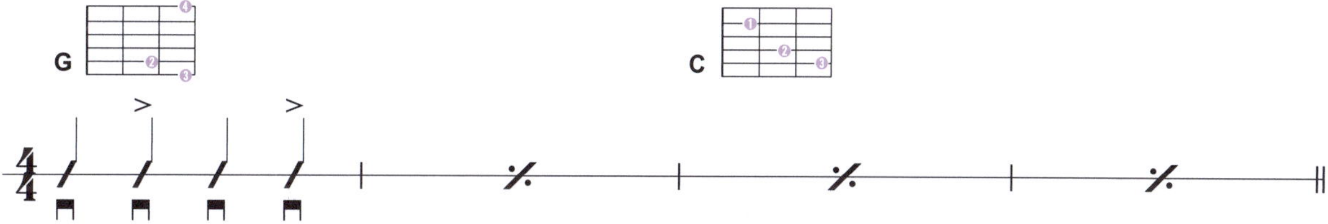

Exercise 4

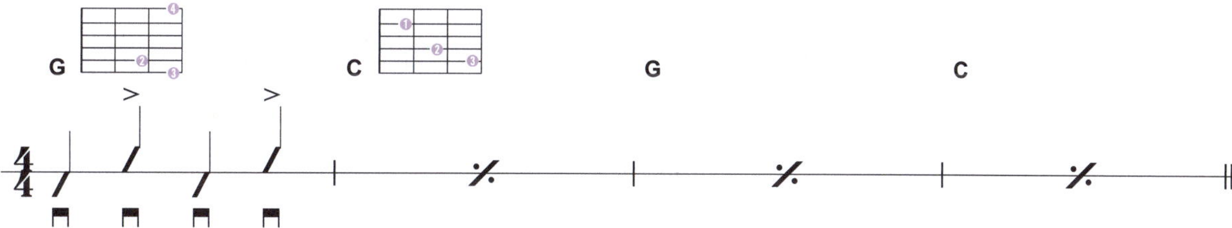

Exercise 5

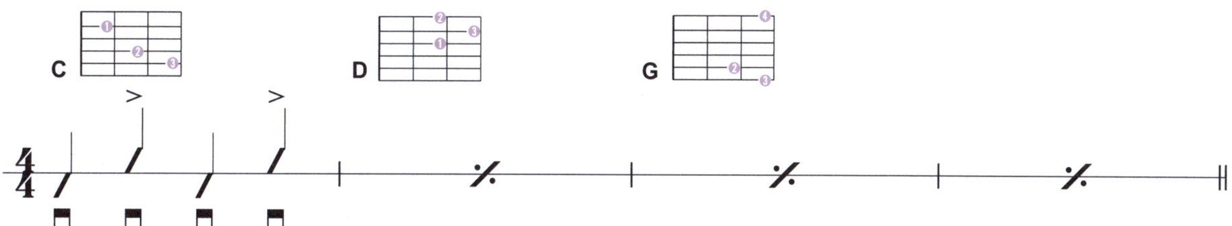

# 챠우 챠우

김민규 작사 · 작곡

너의목소
리가 들려 너의목소 리가
들려 너의목소 아무리애를
쓰고 막아보려 하는데도 아무리애를
쓰고 막아보려 하는데도 너의목소
리가 들려 너의목소 리가
들려 아무리애를 쓰고 막아보

려 하는-데 도 - - - - - 아무리애를 - 쓰고-막아보 려 해도 너의목
소-리가-들 려 - - - - -너의목소 - 리가 - 들려 - - -
아무리애를 - 쓰고-막아보
려 하는-데 도 - - - - - 아무리애를 - 쓰고-막아보 려 해도 너의목
소-리가-들 려 - - - - -너의목소 - 리가 - 들려 -
- 너의목소 - 리 너의목소 - 리 너의목소 - 리 가-들 려 - - - -너의목소
-리 너의목소 -리 너의목소 -리 가-들 려 - - - -오 오오 -오 - 오오
- 오오 - - 오오 오오 -오 - 오오 - 오오 -

# 가을길

● 김규환 작사 · 작곡

노 랗게노 랗게물 들었네 빨 갛게빨 갛게물 들었네
파 랗게파 랗게높 은하늘 가 을길을 고 운길
트랄 랄랄라 트랄 랄랄라 트랄 랄랄랄 라 노 래부르 며
트랄 랄랄라 트랄 랄랄라 트랄 랄랄랄 라 소 리맞추 어
산 너머물 건너가 는-길 가 을길은 비 단길

# 09

# B7코드

## ▶ B7코드 운지

Step 1 : **5**번 줄 **2**프렛을 **2**번 손가락으로 누릅니다.

Step 2 : **4**번 줄 **1**프렛을 **1**번 손가락으로 누릅니다.

Step 3 : **3**번 줄 **2**프렛을 **3**번 손가락으로 누릅니다.

Step 4 : **1**번 줄 **2**프렛을 **4**번 손가락으로 누릅니다.

*Tip : 6번 줄이 소리나지 않도록 하기 위해 왼손 엄지손가락을 6번 줄에 살짝 댄 상태에서 다른 손가락을 운지합니다. 이 코드는 초보자가 잡기에 어려운 코드이므로 이숙해질 때까지 한 음씩 정확하게 눌러 연습히도록 합니다.

## ▶ 코드 체인지 연습

Exercise 1

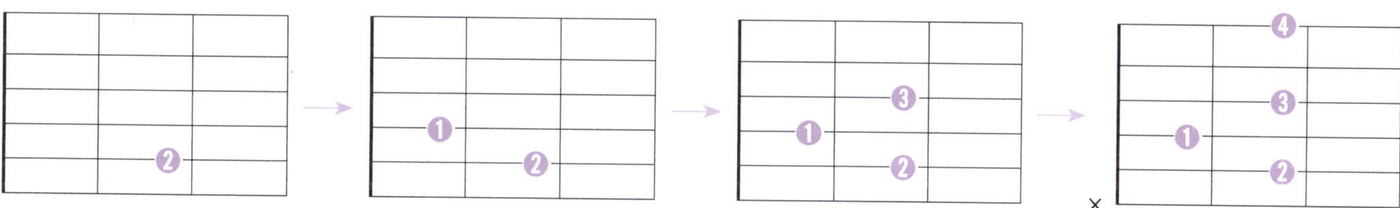

Exercise 2

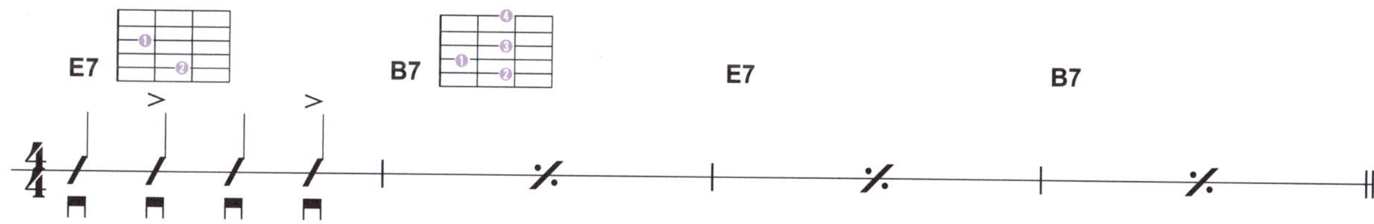

Exercise 3

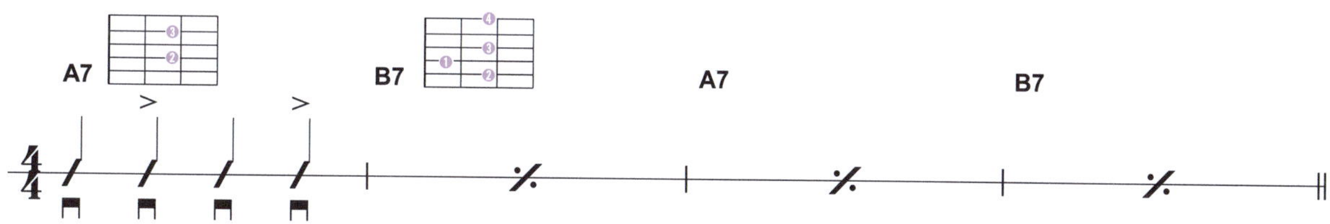

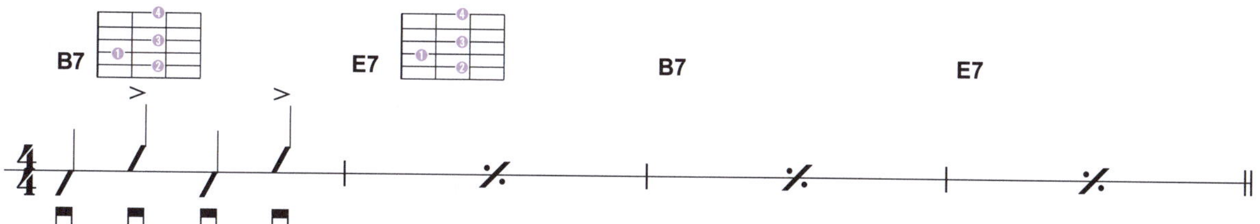

# 루돌프 사슴코

● J. Marks 작사 · 작곡

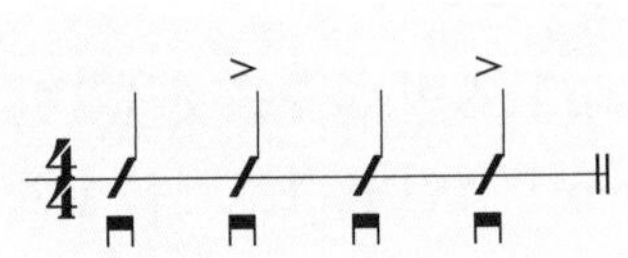

# 솜사탕

● 정근 작사
● 이수인 작곡

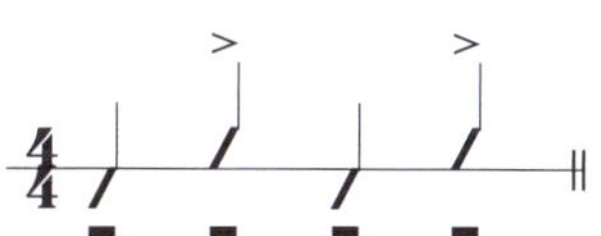

# 10

# Am코드, Dm코드

## ▶ Am코드, Dm코드 운지

**Am**코드는 **E**코드를 한 줄씩 밑으로 내린 모양과 같습니다. **Dm**코드를 잡을 때는 **6**번 줄이 소리나지 않도록 **6**번 줄에 엄지를 대줍니다.

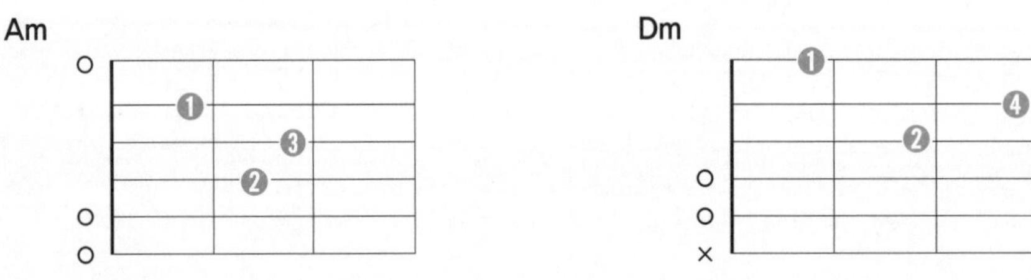

## ▶ 코드 체인지 연습

Exercise 1

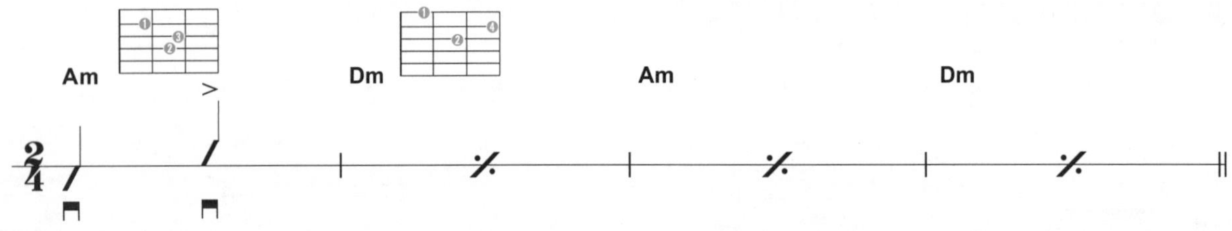

Exercise 2

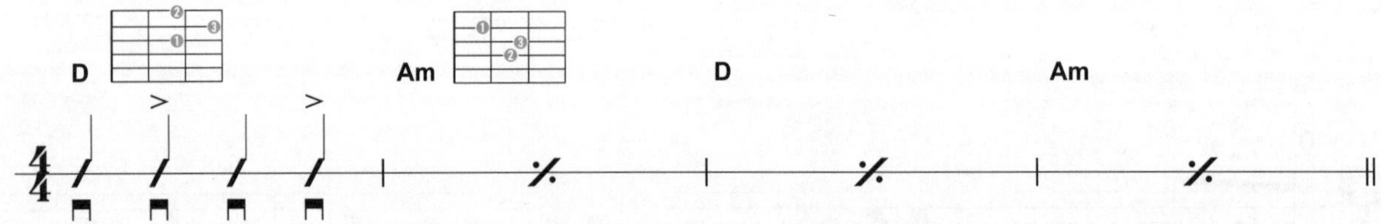

Exercise 3

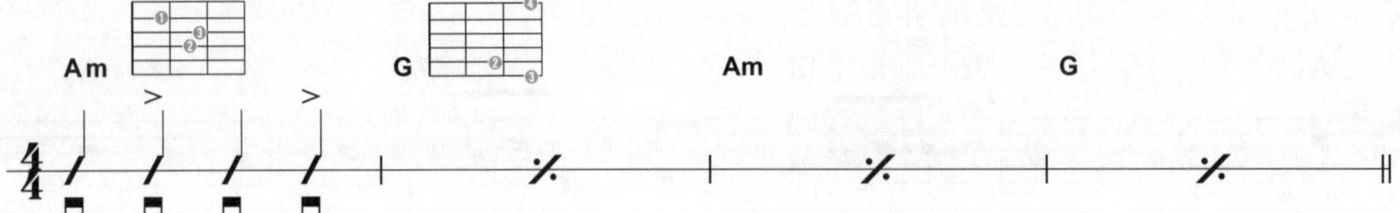

# 러브송

● 김영아 작사
● 전준규 작곡

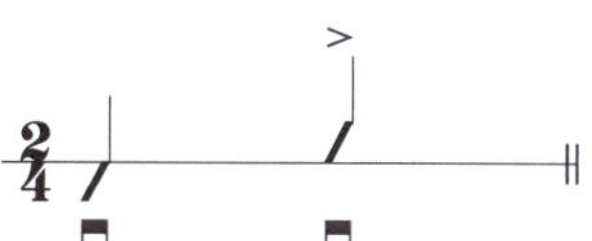

C　Am　Dm　G7



C　Am　Dm　G



C　Am　Dm



C　G7　C

# 사계

● 문승현 작사 · 작곡

♩ = 120
Am
C
Dm
C
E7
Am
C
E7
Am
1.빨 간 꽃 노 란 꽃 꽃 밭 가 득 피 어 도 - 하 얀
2.흰 구 름 솜 구 름 탐 스 러 운 애 기 구 름 짧 은
나 비 꽃 나 비 담 장 위 에 날 아 도 따 스
샤 - 쓰 짧 은 치 마 뜨 거 운 여 름 소 금
한 봄 바 람 이 불 고 또 - 불 어 도 미
땀 비 지 땀 - 흐 르 고 또 흘 러 도
싱 은 - 잘 도 도 네 돌 아 가 네

# 감수광

● 길옥윤 작사 · 작곡

Am G C
바 람 부 는 제 주 에 -는 돌 도 많 지 만 -
겨 울 오 는 한 라 산 -에 눈 이 덮 혀 도 -
Am C G Am
인 정 많 고 마 음 씨 고 -운 아 가 씨 도많 -지 요
당 신 하 고 나 사 이 에 -는 봄 이한 창 이 -라 오
Am C E7
감 수 광 감 수 광 난 어 떡 허 랭 감 수 광
Am C G E7
설 릉 사 람 보 낸 시 엥 가 거 들 랑 - - -
E7 Am
혼 저 옵 서 예 -

8비트 스트로크를 할 때 다운 스트로크 뒤의 8분음표는 업 스트로크 동작을 하지만 소리는 내지 않고 헛손질만 합니다. 이 때 표기는 ⩗ 입니다.

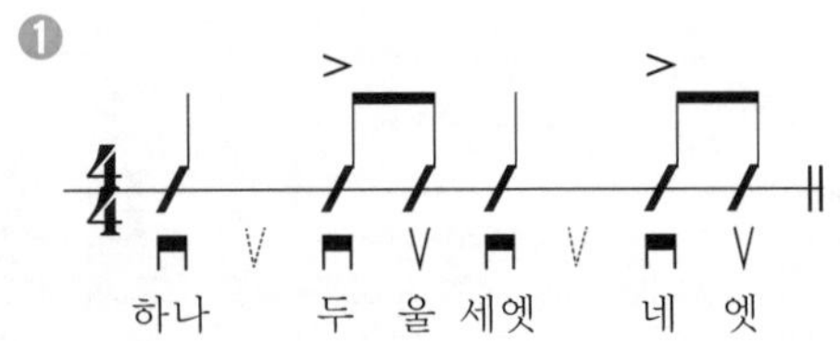

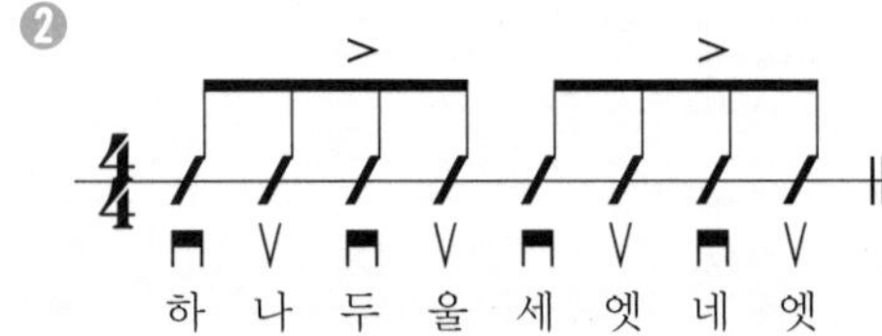

▶ 8비트 스트로크 연습

Exercise 1

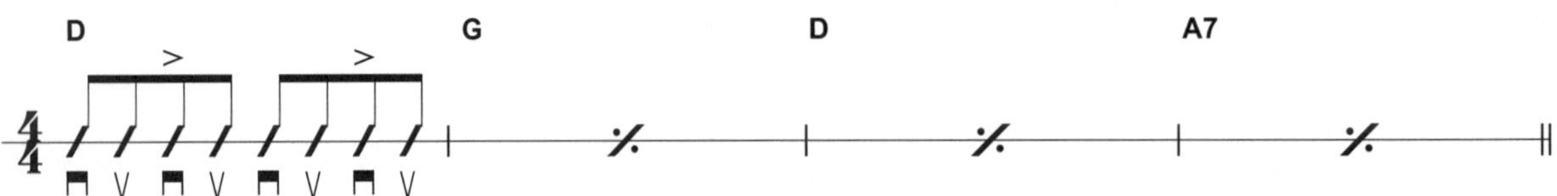

Exercise 2

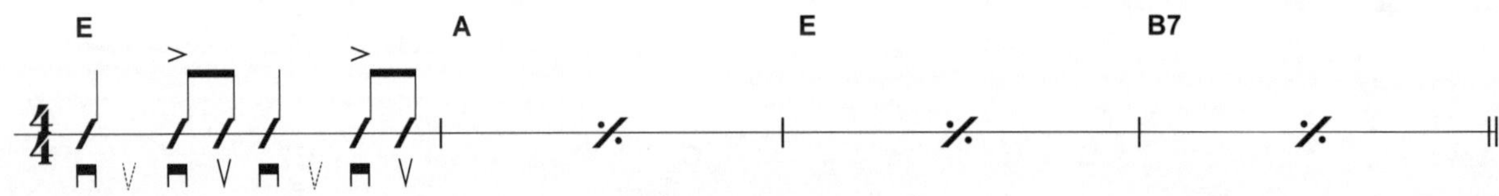

Exercise 3

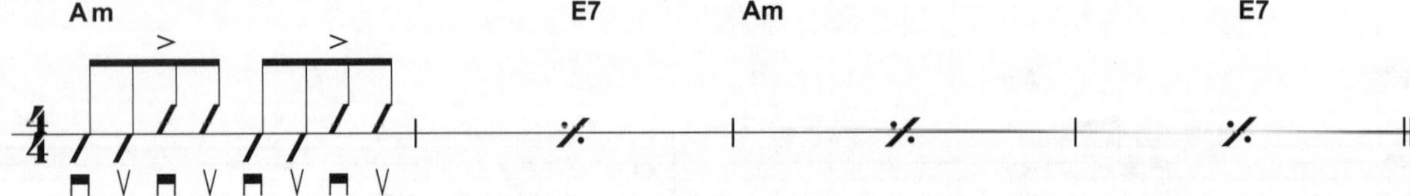

# 너는 내 운명

● J. Davis, C. Mitchell 작곡

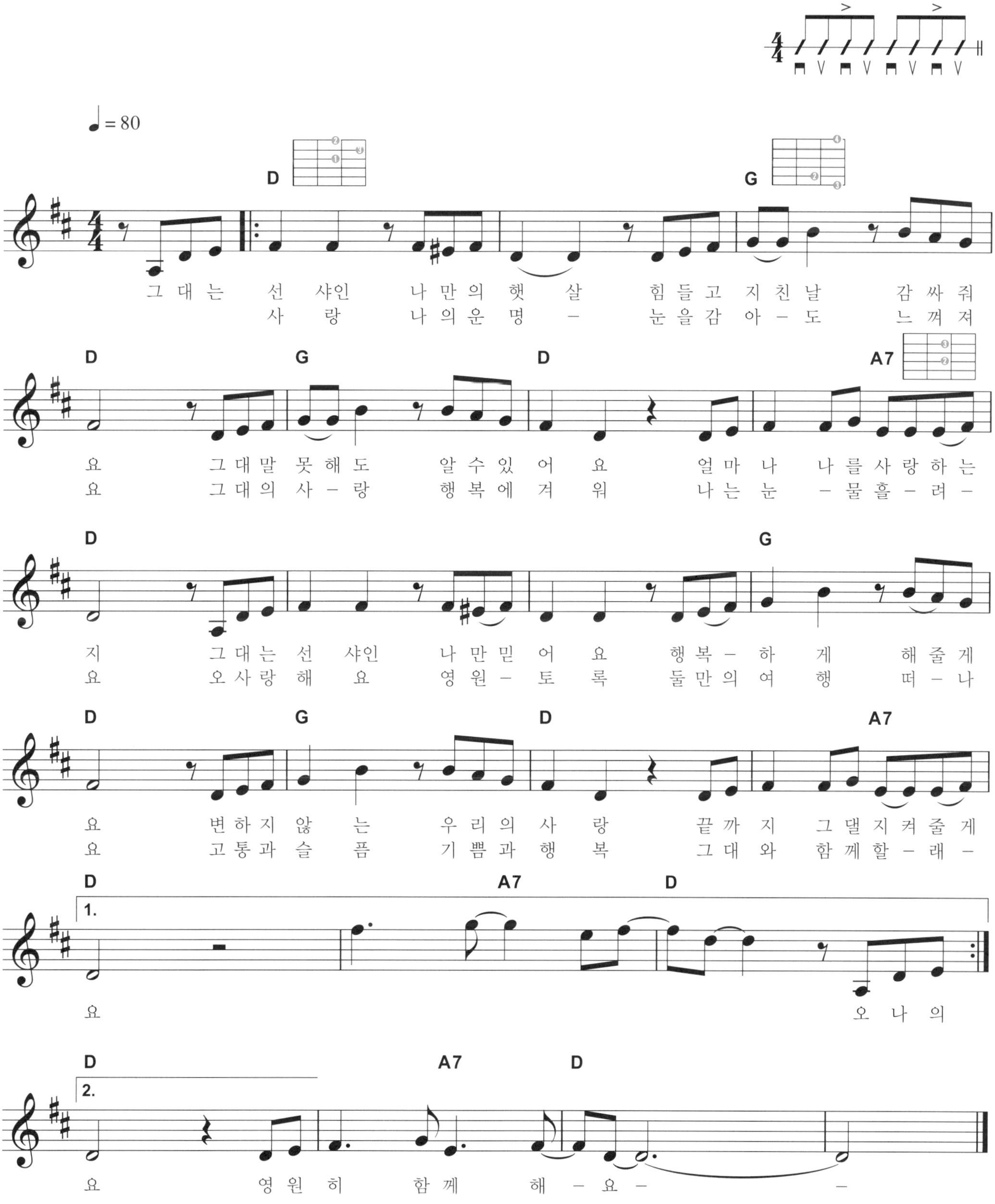

# 여행을 떠나요

● 하지영 작사
● 조용필 작곡

E        B7        E
빌 딩숲 속을 －        벗 어나 봐요 －
하 늘을 보며 －        노 래부 르세 －

E        A        E
메 아 리 소 리가들 려오 는    계 －곡속에흐 르는물 찾아

E        B7        E
－ － 그곳으 로        여행을떠나 요 －
D.S. al Fine

E
여 행을떠 나요 －        즐 거운마음으로

E
－    모두함께떠 나요 －        아

E        A
메 아 리 소 리가들 려오 는    계 －곡속에

E        E        B7
흐 르는물 찾아 － －        그곳으 로

B7        E        B7        E
1, 2.        3.
여행을떠나 요 －        여행을떠나 요 －
Fine

# 먼지가 되어

● 송문상 작사
● 이대헌 작곡

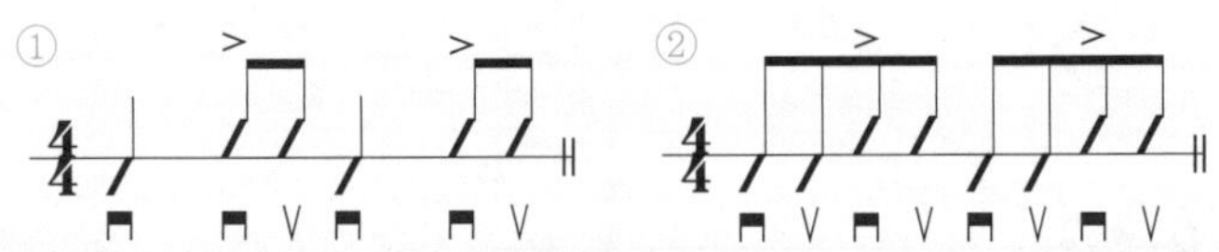

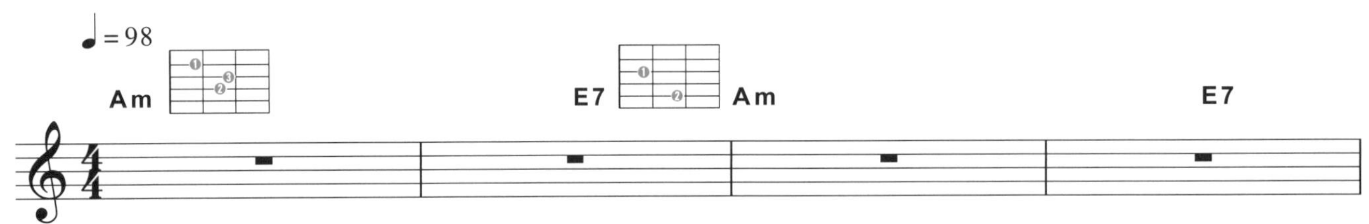

작은 가 - 슴 은 모두모
- 두 - 어 시를 써 봐 도 모 자란 당
- 신 - - - 먼 지가 - 되 어 날 - 아
- 가 - 야 지 - 바람 에 날 - 려
- 당 신곁 - 으-로

# Cm코드

▶ Cm코드 운지

**Cm**코드는 초보자들이 잡기 어려운 코드이기 때문에 왼쪽의 코드 형태가 어렵다면 오른쪽 형태로 잡고 연주하도록 합니다.

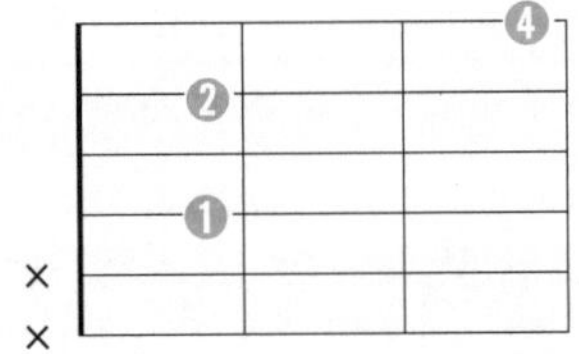

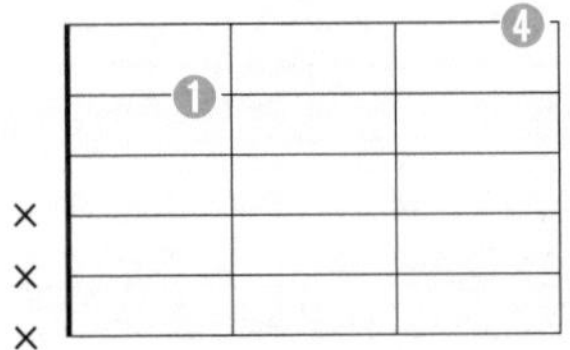

▶ 코드 체인지 연습

Exercise 1

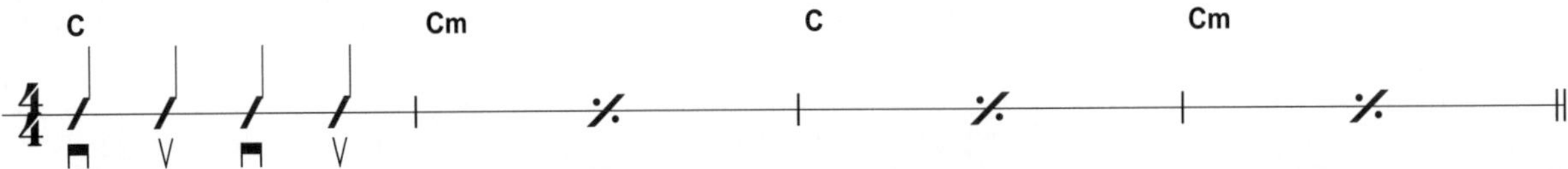

Exercise 2

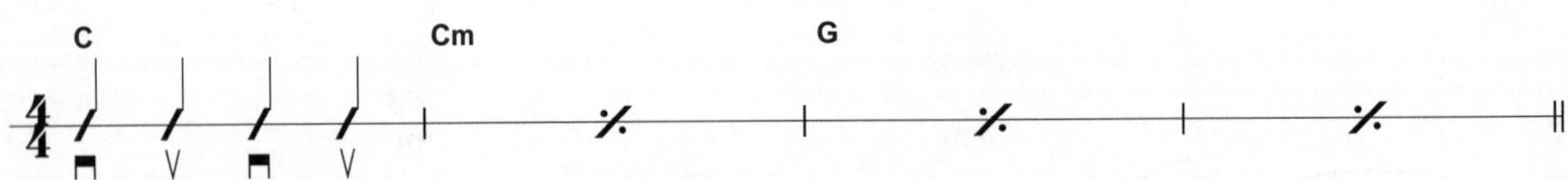

Exercise 3

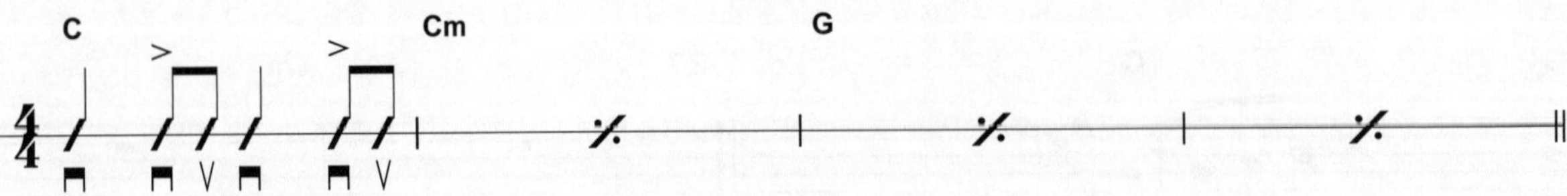

# 새들처럼

● 지근식 작사 · 작곡

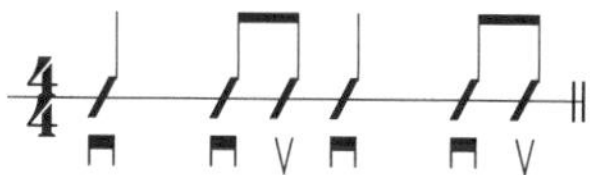

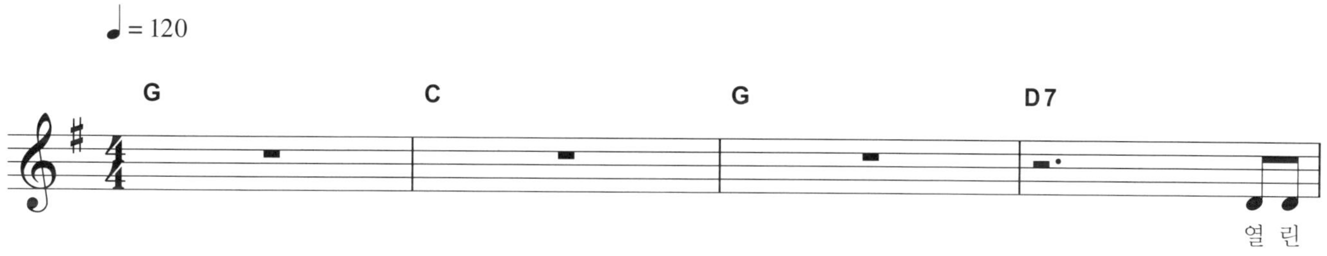


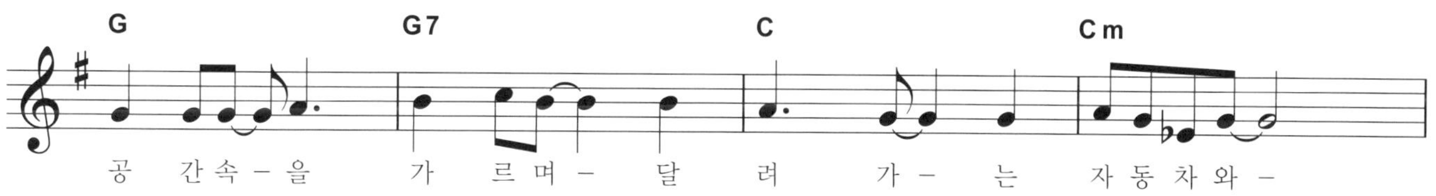

감 싸 - 고 나는 - 노 래 하 네
눈을 떠 보면 - 회 색 빛 빌 딩 사 - 이 로
무 거 운 하늘 - 희 뿌 연 연 기 사 - 이 로
보 이 는 - 내 모 습 이 - -
보 이 는 - 아 스 팔 트 - -
퍼 붓 는 소 나 기 세 찬 - 바 람 맞 - 고
답 답 한 도 시 를 -
거 리 를 - 헤 매 이 네 - -
떠 나 고 싶 - 어 도 나는 - - 갈 수 없 네 - -
- 날 아 가 는 새 들 바 - 라 보 - 면 -

나 도 따 라 날 아 가 - 고 싶 - 어 -
파 란 하 늘 아 래 - 서 자 유 롭 게
나 도 따 라 가 고 - 싶 어
날아가는 새 들바 - 라보 - 면 - - 나도따라
날 아 가 - 고 싶 - 어 - - 파 란 하 늘
D.S.
어 -
F.O.

카포는 카포다스토(Capodasto)의 줄임말로 프렛과 프렛 사이에 꽂아 기타의 줄을 눌러서 고정시켜 줌으로써 전체 음정을 옮겨 주는 역할을 합니다.

### ▶ 카포의 종류

카포에는 여러 가지 종류가 있지만 주로 스프링 카포를 사용합니다.

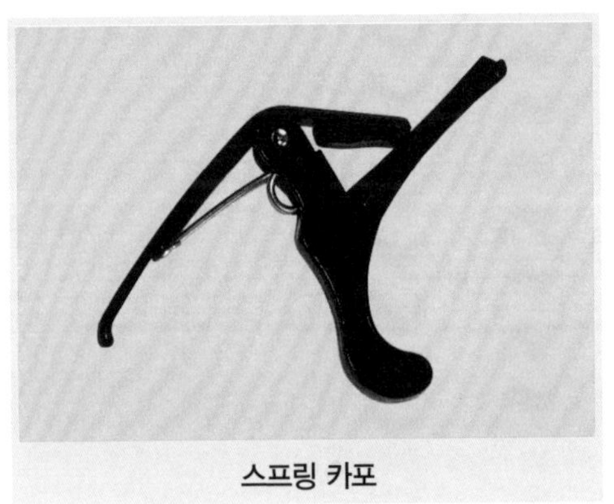

스프링 카포

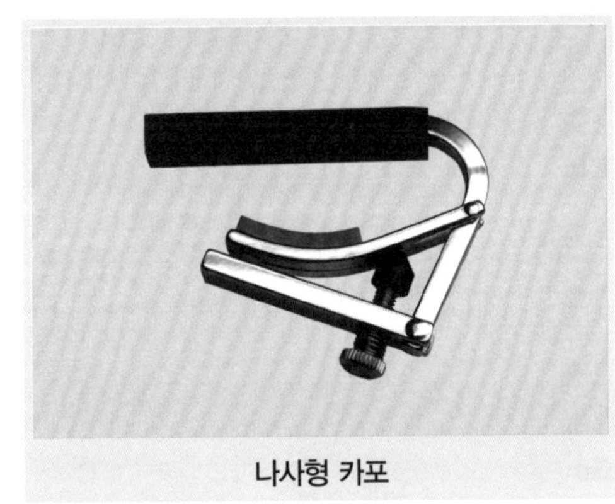

나사형 카포

### ▶ 카포의 용도

카포는 어려운 코드가 나왔을 때 쉬운 코드로 바꿔서 연주하기 위해 사용하거나 기교를 위해 높은 포지션에서 개방현을 사용하여 편하게 연주해야 할 때 사용합니다. 카포를 사용하여 음정에 변화를 주어 쉬운 코드를 잡고 연주해도 어려운 코드의 소리가 나는 효과를 얻을 수 있습니다.

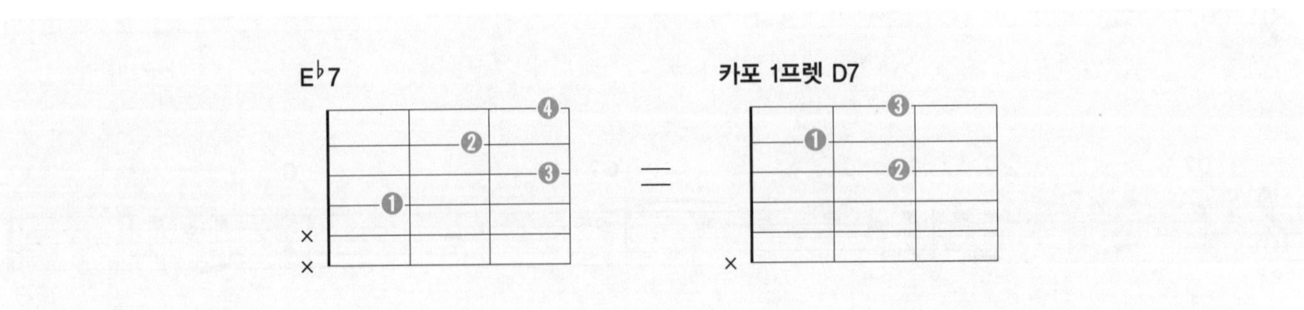

# 8비트 스트로크 2

붙임줄(Tie)로 연결된 부분을 싱코페이션(당김음)이라고 하며, 이 때 악센트의 위치가 바뀌게 됩니다. 악센트의 위치에 유의하여 8비트 싱코페이션을 연습해 봅니다.

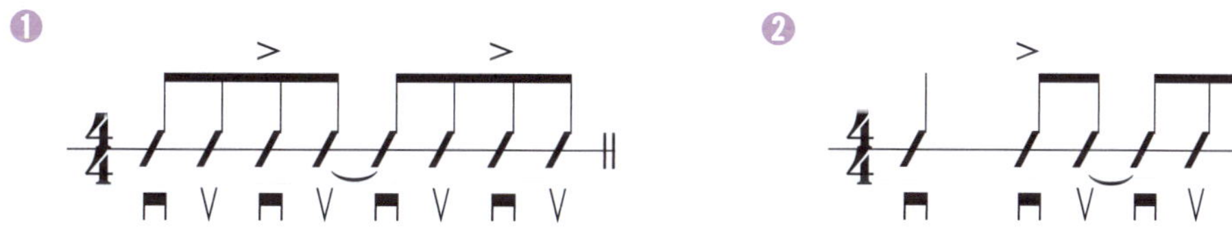

## ▶ 8비트 스트로크 연습

Exercise 1

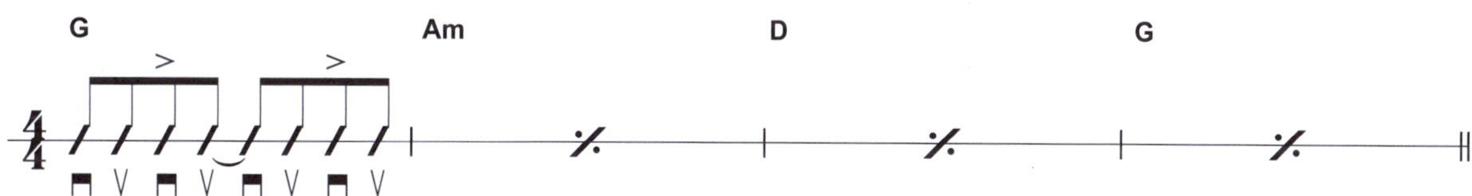

Exercise 2

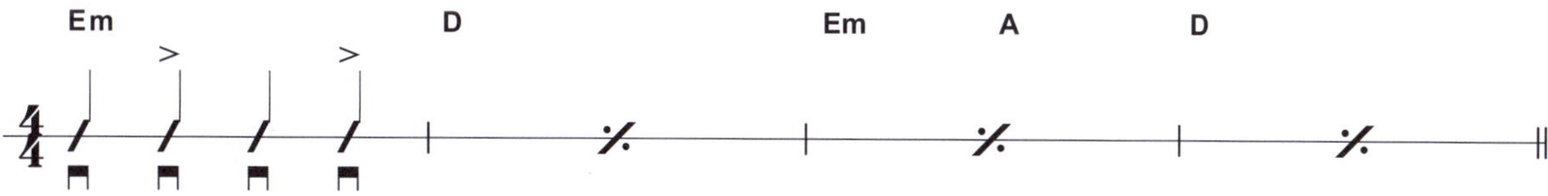

Exercise 3

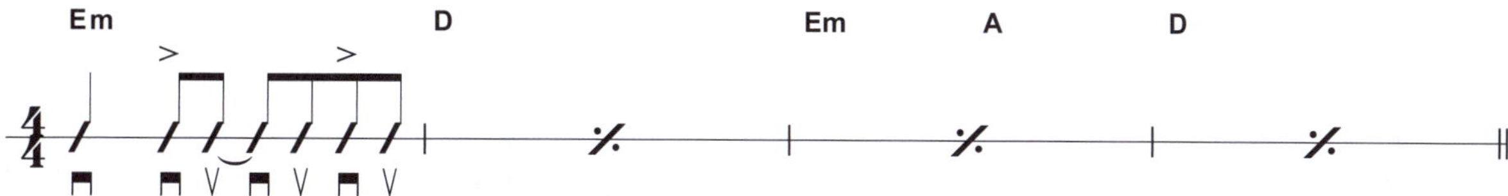

# 다른 누구도 아닌 너에게

● 장재인 작사
● 강현민 작곡

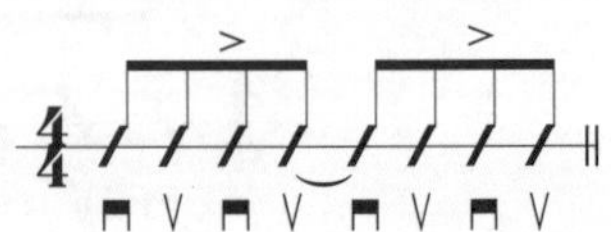

♩ = 72

G   Em   C   Am   D
두손 에품 은나-의 마음 을   너의 곁- 으로 - -   너 에게로 다른 누구 도아- 닌 너 에

Em   G   Am   D
1.
게   이런 밤   오랜 만- 야야 -   내게 다- 가온 -   소 중한 감-정 들

G  D  Em   Am   D   G  D
-   다 른   누 구도아-닌 너 에게 밤 잠 을뺏 겼 어

Em   F♯m   G   Am   D
2.
게   감추 지   않아 -   네게 -   달려 갈-거 야

G   C   Cm

D.S. al Coda

Am   D   G   Em
다른 누구 도아- 닌 네 게 숨겨 놓았 던나- 의 마 음 이   오직 한- 사람

C   Am   D
- -   너 에게로 다른 누구 도아- 닌 너 에 게   이

G
밤   네게 가- 는길 -   너 에게 가- 는 길 -   수 줍 은미- 소 를

# Kiss Me

● Sixpence None The Richer 작사 · 작곡

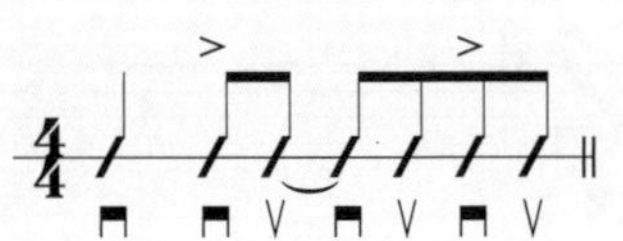

♩ = 112

G          A          D
—kling—              So kiss          me

D7                   D

D7                   D

D7                              Em
                     Kiss — me —

D          Em         A         D
be—neath the mil— ky twilight  Lead — me —          out on the moon— lit—    floor

Em         A          D                    A
— Lift your —open hand—   Strike up the band— and make—the fire —files dance  Sil—ver moons— spar

G          A          D
—kling—              So  kiss          me

D7                             D
                     So kiss          me

미디움 템포의 곡이나 비교적 느린 템포의 곡은 다운 스트로크를 연속으로 사용하는 경우가 있습니다. 여기에서는 다양한 스트로크 방법을 알아보도록 합니다.

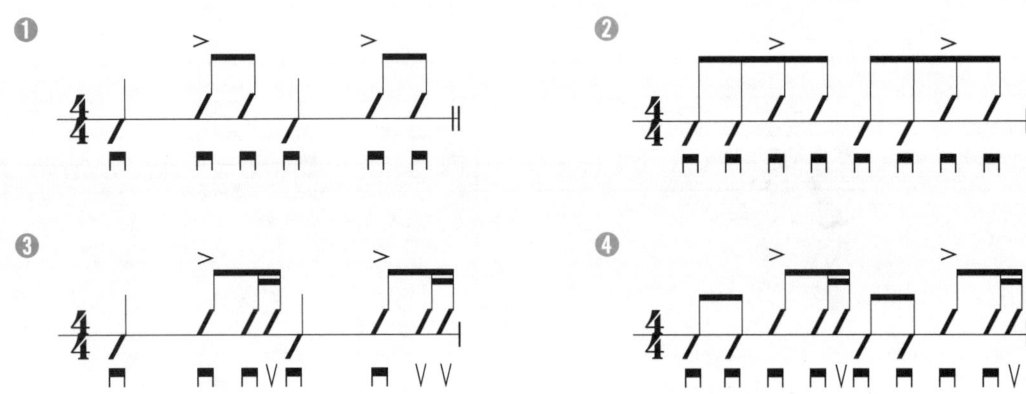

# 너에게 난, 나에게 넌

● 송봉주 작사 · 작곡

우 후 회없--이 그림 처- 럼남- 아주-기 를 - 나에게넌-
내외롭던지- 난시-간 을 - 환하게비- 쳐주- 던 햇살 이- 되고-
조그맣던 - 너의 하- 얀손-위 에 - 빛나는보- 석처- 럼
영원 의- 약속- 이되- 어 너 에게 난 - 해 질
녁 노을- 처럼- 한 편의 아 름다 - 운
추억 이- 되고- 소 중했던 - 우 리
푸 르던- 날을- 기억- 하며- 우 후 회없- 이
그림 처- 럼남- 아주-기 를-

# 다 줄거야

● 조규만 작사 · 작곡

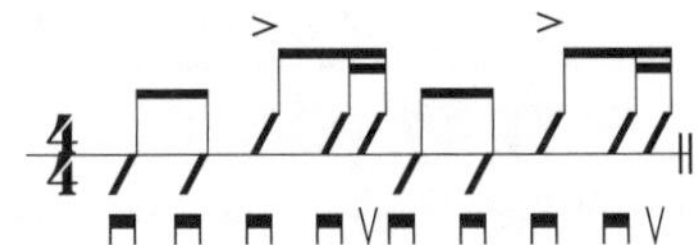

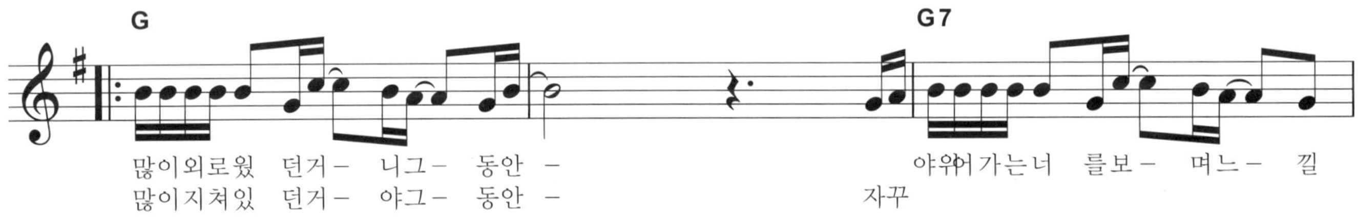

C    Am    D    G    G7
지 난날－들 을 서 로－가 조 금 씩 감 싸줘－야 해 난 네게

E    E7    Am    Cm    G    E7
1.
－ 너 무나－도부 － 족하－겠 지－만 － 다 줄 거 야

Am    D7    G    Em    D7
내 남 은모－ 든사－ 랑을 －

E    E7    Am    Cm    G    E7
2.
게 － － 너 무나－도 부 족하－ 지 만－ 다 줄 거 야

Am    D7    G
내 남 은모－ 든사－ 랑을 － 서 글 －픈 우 리 의

C    Am    D    G    G7
지 난날－들 을 서 로－가 조 금 씩 감 싸줘－야 해 난 네게

E    Am    Cm    G    E7
－－ － 너 무나－도 부 족하－ 지 만－ 다 줄 거 야

Am    D7    G
내 남 은모－ 든사－ 랑을 －

브러싱이란 개방현이 들어간 코드를 연주할 때 '칙' 소리가 나도록 치는 방법을 말합니다. 브러싱을 할때는 ×표시가 되어 있는 부분에서 스트로크를 하는 동시에 오른손 손바닥을 줄에 댑니다. 이 주법을 일반적으로 뮤트(Mute)라고 부릅니다.

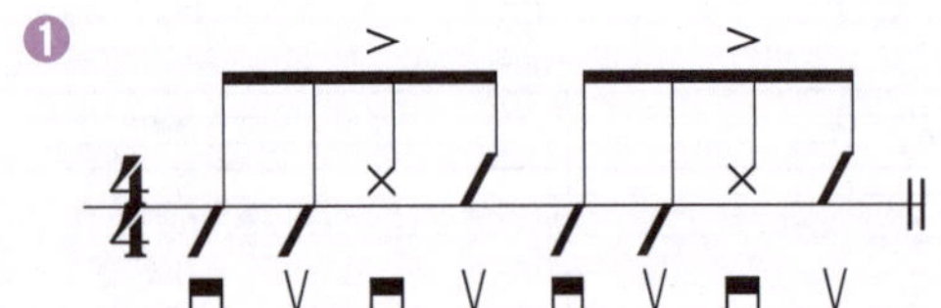

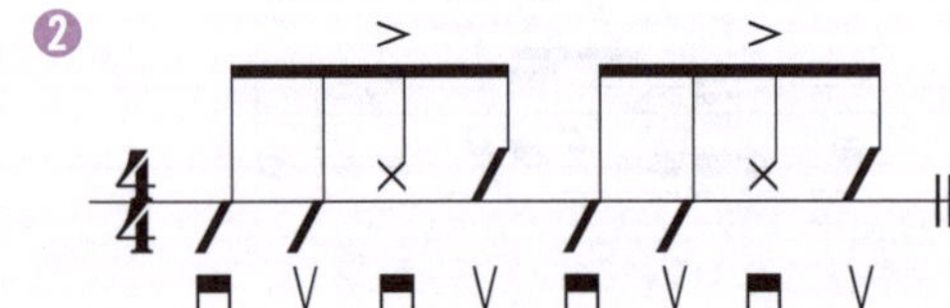

▶ **브러싱 연습**

Exercise 1

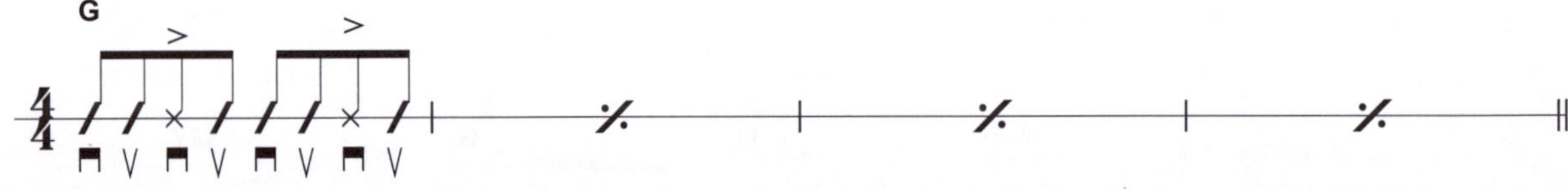

Exercise 2

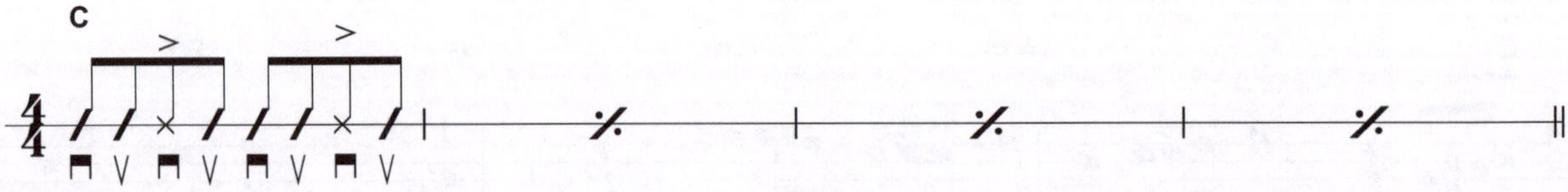

Exercise 3

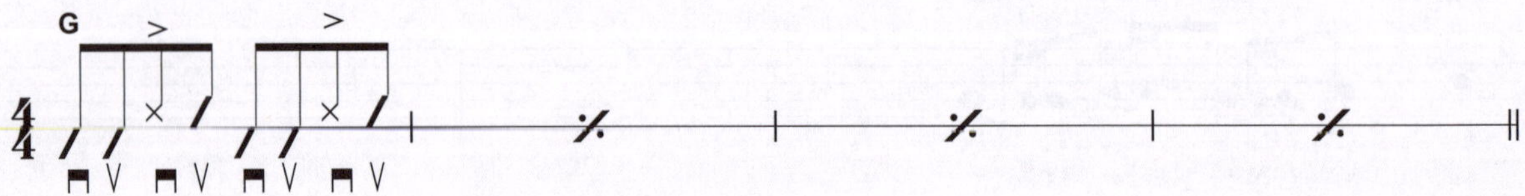

# 처음 사랑하는 연인들을 위해

## (반말송)

● 정용화, 서현 작사
● 정용화 작곡

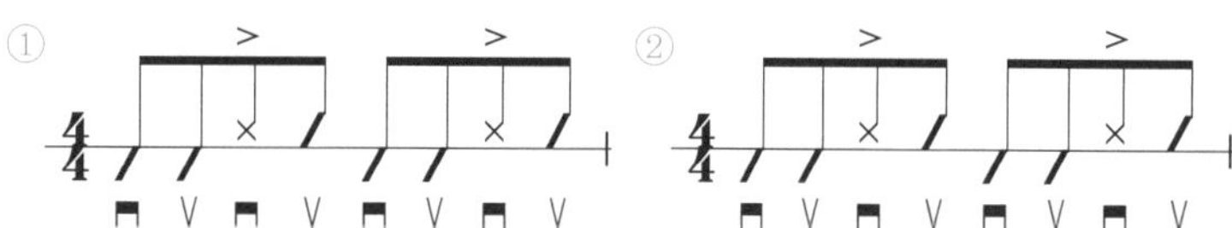

♩ = 110

무슨 말을 건네 볼 – 까 어 떻 게 하 면 – 니 가 웃 – 어 줄 까 –
너 와 의 손 을 잡 던 – 날 심 장 이 멈 춘 – 듯 한 기 – 분 들 에 –
– 손 을 건 네 보 다 – 어 색 해 – 질 까 봐 – 멋 적 은
– 무 슨 말 했 는 지 – 기 억 조 – 차 안 나 – 마 냥 설
– 웃 음 만 – 웃 어 봐 – 우 리 서 – 로 반 말 하 는 사 이
– 레 는 기 – 분 인 걸 – 우 리 서 – 로 반 말 하 는 사 이
가 되 기 를 아 직 조 – 금 서 투 르 고 어 – 색 한 데 – 도 고 마
워 요 라 – 는 말 – 투 대 신 – 좀 더 친 – 하 게 말 을 해 줄 래
보 는 너 – 의 눈 – 빛 속 에 – 행 복 한 – 미 소 만 있 길 바 래
– – 우 리 서 – 로 반 말 하 는 사 이 가 되 기 를 한 걸 음 씩 천 천 히
– – 우 리 서 – 로 사 랑 하 는 사 이 가 될 거 야 아 껴 주 고 편 히 기

D    C    D    Em    Am
- 다 가 - 와 이제 내 두 눈 - 을 바 - 라보며 말을 해 줄래 -
- 대 면 - 돼 너를 보 는 나 - 의 두 - 눈빛이 말하 고 있어 -
D    1.C    D
널 사 랑 해 -
2.G    D    Em    D
C    D    G    Em    Am
G    D    G    D    Em
우리 서 - 로 사랑하는 사이 가 되기를 잡은 두 - 손 영원히놓지
D    D    G
D.S. al Coda
- 않을 거 - 야 바라 널 사 랑 해 -

# 3박자 리듬 스트로크

▶ $\frac{3}{4}$ 박자

한 마디에 **4분음표**(♩)가 **3**개씩 들어있는 리듬입니다.

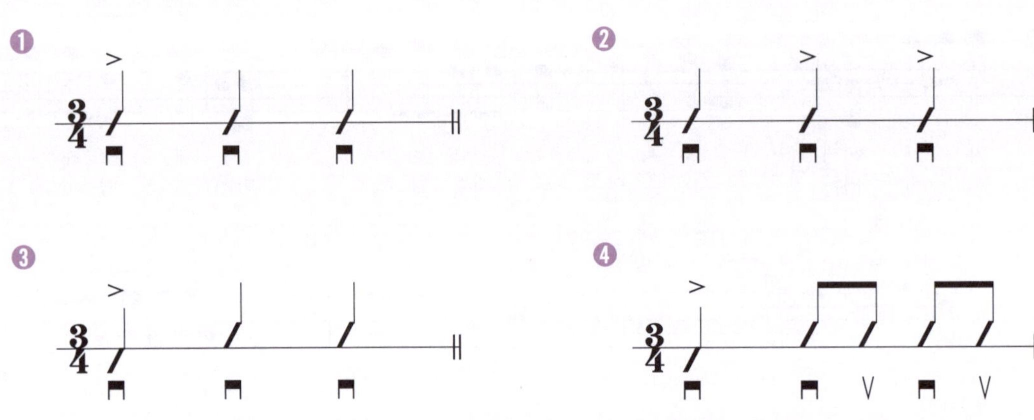

▶ $\frac{6}{8}$ 박자

한 마디에 8분음표(♪)가 6개씩 들어있는 리듬입니다.

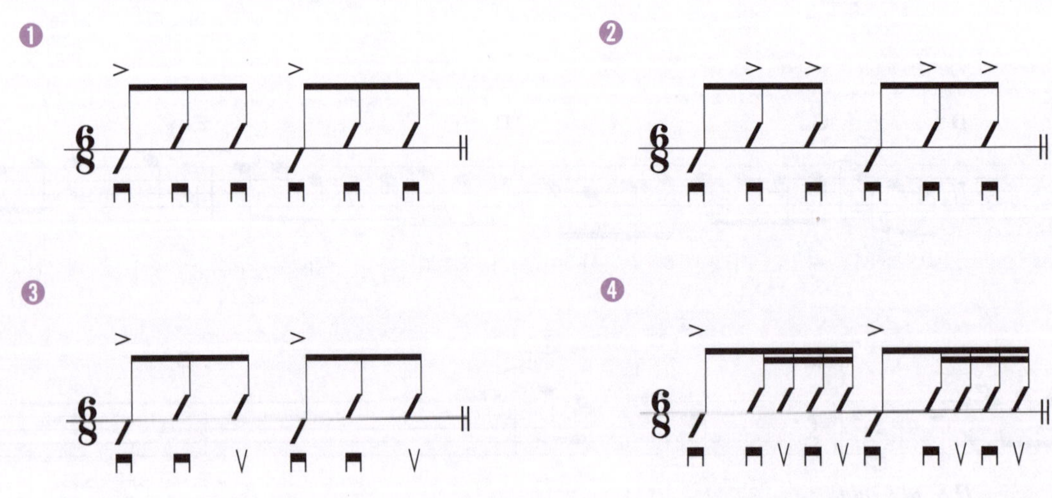

# 사과 같은 내 얼굴

● 김방옥 작사
● 외국 곡

# 18

# 셋잇단 리듬 스트로크

## ▶ 셋잇단 리듬

셋잇단 리듬은 하나의 음표를 셋으로 나누어 표시한 것입니다.

## ▶ 셋잇단 리듬 스트로크

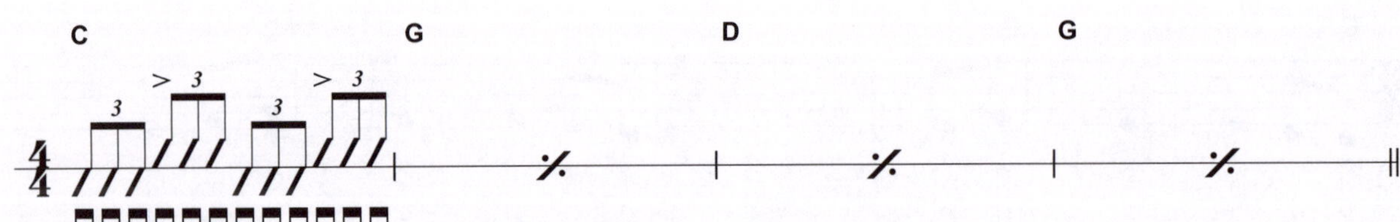

## ▶ 코드 체인지 연습

Exercise 1

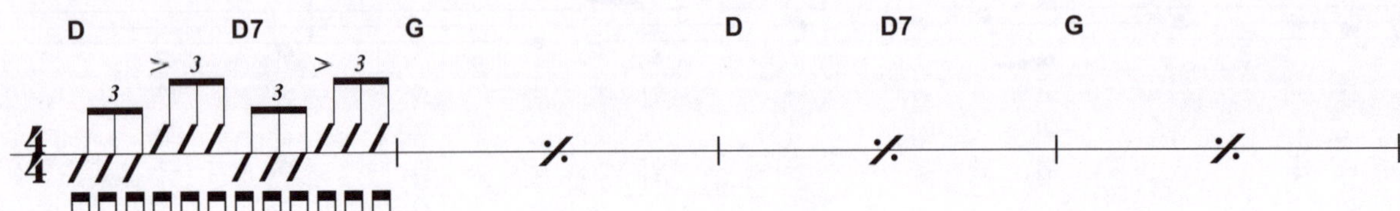

Exercise 2

# 두 개의 작은 별

● 윤형주 작사
● 외국 곡

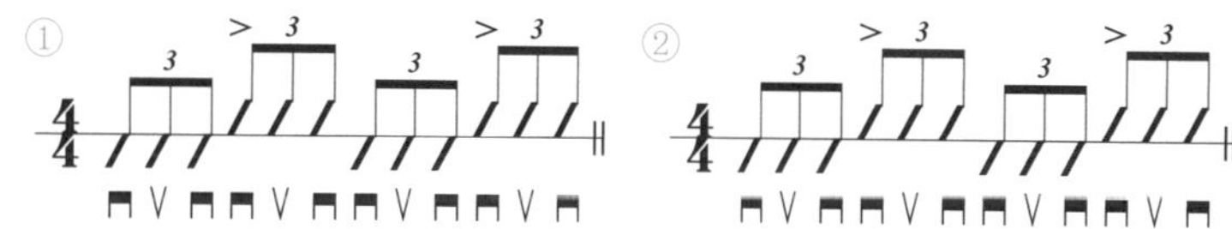

♩ = 70

# 19

# 셔플 리듬 스트로크

## ▶ 3연음 셔플

셋잇단 리듬으로 구성된 셔플을 3연음 셔플이라고 합니다. 3연음 셔플은 두 번째 박과 네 번째 박에 악센트를 넣어 연주하는데, 셋잇단 리듬 중 가운데 리듬은 스트로크 하지 않고 첫 번째, 세 번째 리듬만 스트로크 합니다.

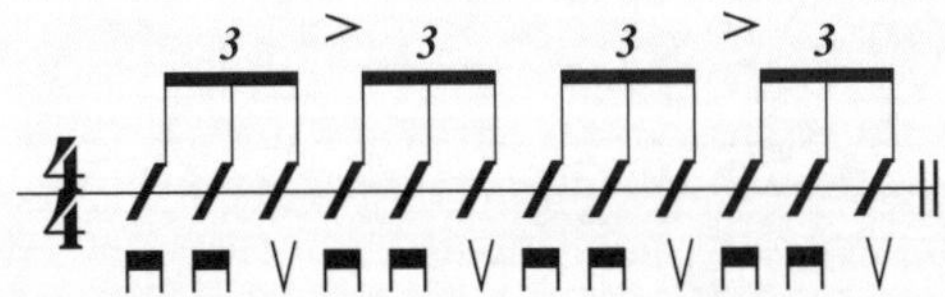

## ▶ 4연음 셔플

4연음 셔플은 16분음표 4개로 구성되어 있으며 두 번째, 세 번째 리듬은 스트로크 하지 않습니다. 두 번째와 네 번째 박에 악센트를 넣어 경쾌한 느낌으로 연주하도록 합니다.

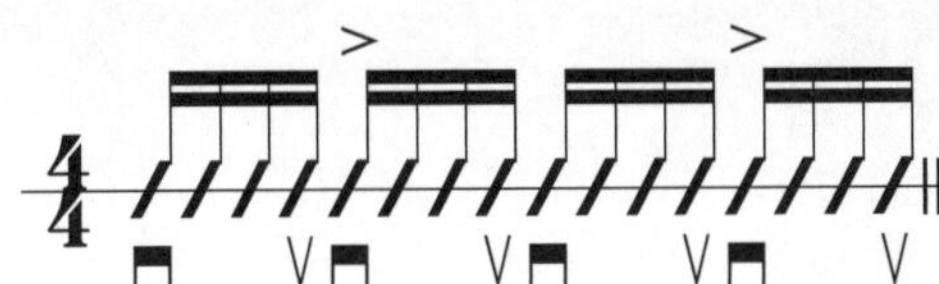

## ▶ 코드 체인지 연습

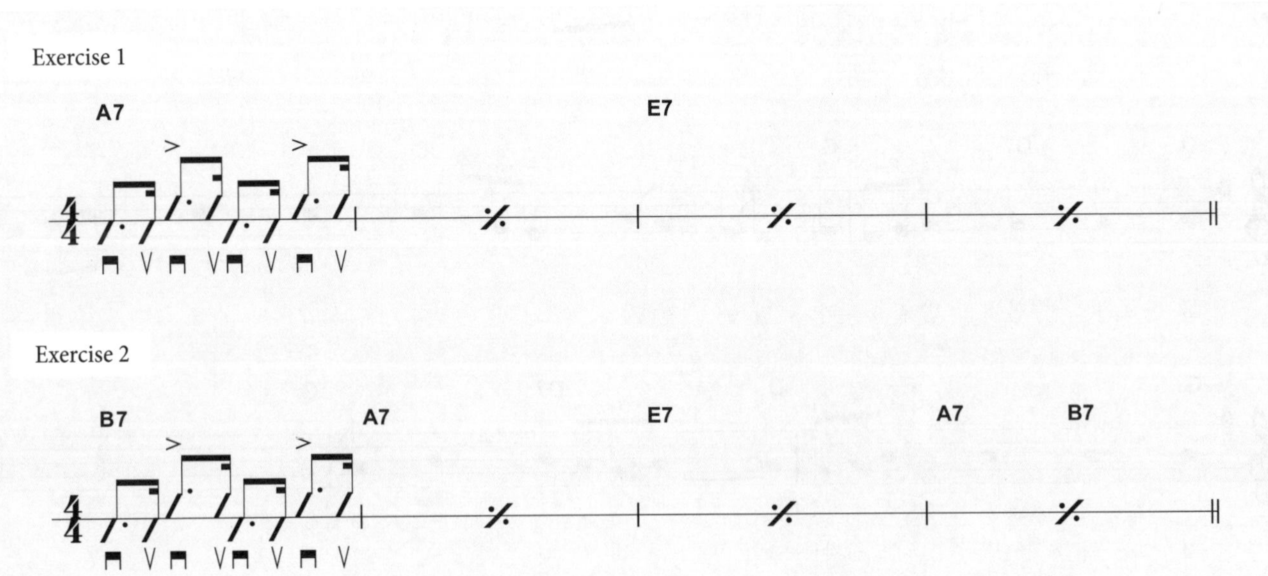

# 타잔

● 윤도현 작사 · 작곡

♩= 110
E7
내 – 가아 주어 릴적 에 난 많 은꿈 을꾸 었– 지
– 잔아 저씨 처– 럼 튼 튼 해지 고싶 어– 서
E7 A7
– 말 도 안 되– 는 꿈 만 –꾸 었– 어
– 우– 리 아 버 지 의– 역– 기 를들 다– 가
E7 B7
– 그 – 래도 그중 에– 한
– 그 – –밀 에깔 려– 하
A7 E7 A B7
– 가– 진이 루었 지 – 꿈
– 늘나 라갈 뻔했 지 – 타

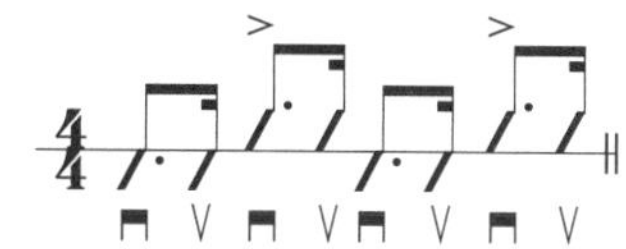

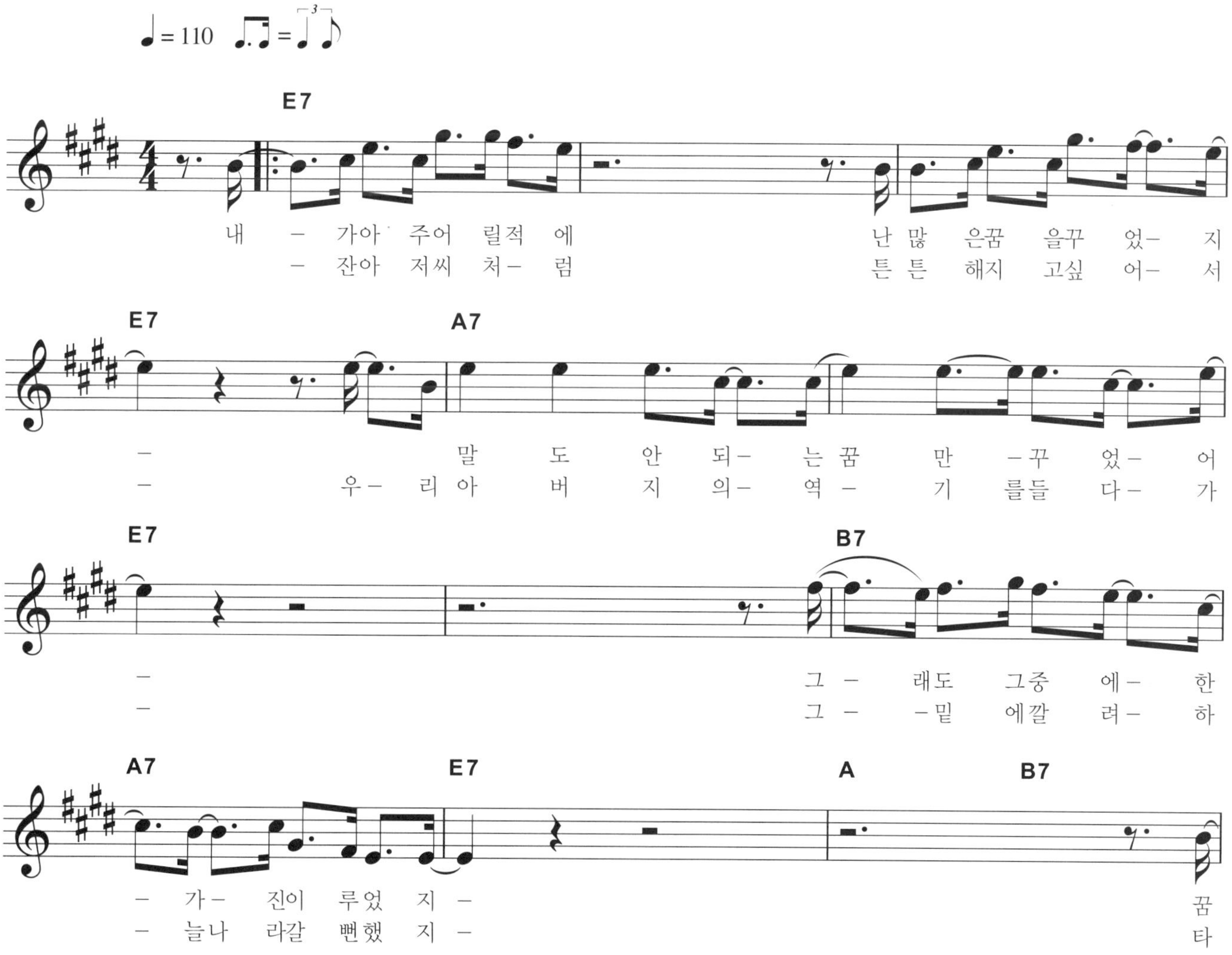

E7
--많 던어 린시 절- - -
- 잔아 저씨 처-럼- - -
아- 득한 기억 속-에
용감 해지 고싶 어 서
E7     A7
- 아 타 잔 이 라- 는아 저씨 가있 었- 네
- 나 무 위 에- 서뛰 -어 -내 렸- 지
E7     B7
- 그 - 아저 씰너 무 - 너
- 그 - 후로 한달 간- 병
A7     E7
- 무- 좋아 했었 지 -
- 원- 신세 를겼 어 -
A7     E7
어 허 - 어어- - -
나 는타 잔-
E7     A7
어 허 - 어어- - -
누렁 인
E7     B7
치 타- -
옆 집 에살 던 -
A7     E7     A7     B7
1.
예 쁜순 인 제 인
타

예 쁜순 인 제 — — — — 인
어 허 — 어어 — — — 나 는타 잔 — — 예
— 예 — 어 허 — 어어 — — — 누렁 인
치 타 — — — 예 — 예 쁘장 한순 이 도
말 잘들 던누 렁 이 도 — — — — —
모 두모 두모 두 다 — 보 고싶 구 나 — (예 — 예 —)
모 두모 두모 두 다 보 고싶 구 —나 — 예

# 20

# F코드(약식코드)

F코드는 초보자들이 잡기에 어려운 코드이기 때문에 약식 코드 1, 2, 3번 형태로 잡는 것을 단계적으로 익힌 후에 원래의 코드 형태로 잡도록 합니다.

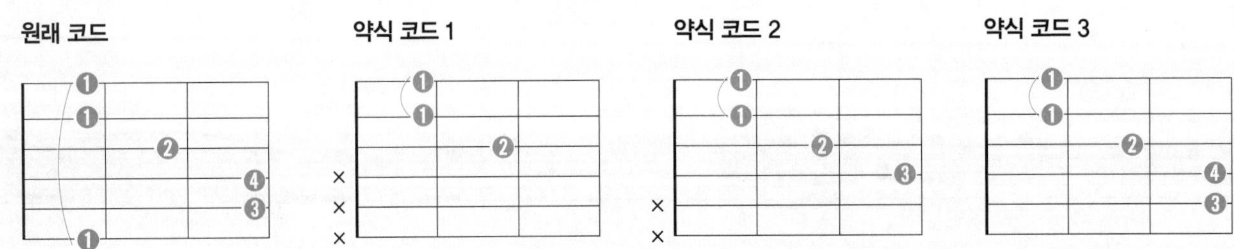


▶ 코드 체인지 연습

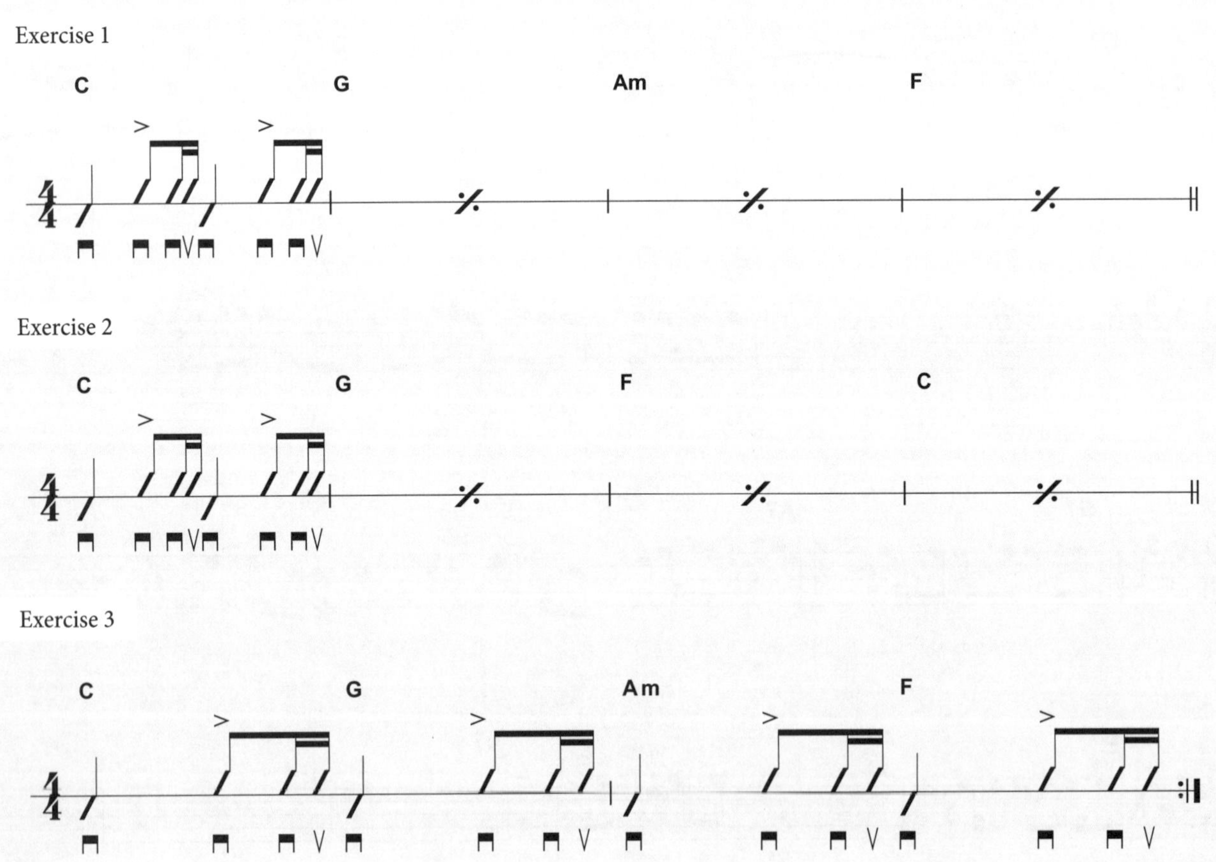

# Let It Be

● John Lennon, Paul Mccartney 작사 · 작곡

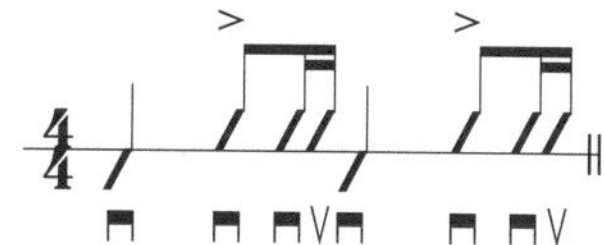

♩ = 70

And when the brok—en heart—ed peo—ple Living in —the world — agree —
There will be an an—swer Let it be — —
But though they may— be part—ed There is
still a chance— that they —will see — There will be an an— swer Let it be — Let it be
— Let it be Let it be—— — Let it be— There will be an an —swer Let it be
—— Let it be — Let it be Let it be—— — Let it be—
Wisper words— of wis—dom Let it be — —

Let it be — Let it be Let it be— — yeah Let it be—
Wisper words— of wisdom Let it be — — And when the night— is clou—dy There is
still a light —that shines— on me — Shine untill tomor —row Let it be — — I
wake up to the sound— of music MotherMa —ly comes —to me — Speaking words of wisdom Let it be
— — Let it be — Let it be — Let it be— — yeah Let it be—
There will be an an—swer Let it be — — Let it be — Let it be — Let it be——
— yeah Let it be — Wis — per words— of wis — dom Let it be
— —

# 넌 할 수 있어

● 강산에 작사
● 홍성수 작곡

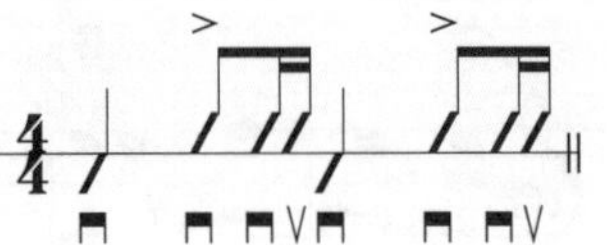

그 게바―로 ―너 야 ―
굴 하지― 않는 보 석 같은― ― ― ― ―
마음 있― ―으니 ―
어려워마― 두 려 워마 ―
아무것도― 아니 ― 야
천 천히― 눈을 감 고 다 시――
생각 해― 보 는 거야 ―― ―
할 수있―을 ―거 야 ―
할 수가 ―있 어 ―
그 게바―로 ―너 야 ―
굴 하지― 않는 보 석 같은―――― ―
마 음있― ―으니 ―
굴 하지― 않는 보 석 같은 ― ― ― ―
마음 있― ― ― ― ― ― 으 니 ― ―

# Chapter **03**

멜로디
연주

# 타브 악보

멜로디나 아르페지오를 연주할 때는 타브(TAB) 악보를 사용합니다. 타브(TAB)는 'Tablature'의 줄임말로, 타브 악보는 연주해야 하는 줄의 위치를 숫자로 나타냅니다.

### ▶ 타브 악보 보는 방법

타브 악보의 여섯 줄은 기타의 지판과 같으며 제일 윗줄부터 순서대로 **1**번, **2**번, **3**번, **4**번, **5**번, **6**번 줄입니다. 타브 악보에 나오는 숫자는 프렛의 위치로 각 숫자는 프렛을 의미하며 **0**은 개방현을 말합니다.

### ▶ 피킹

타브 악보를 연주할 때는 코드를 스트로크 할 때와는 다르게 줄을 한 줄씩 치는데, 피크를 사용하여 한 줄씩 치는 것을 피킹이라고 합니다. 피킹도 스트로크와 마찬가지로 음을 내려치는 다운 피킹과 올려치는 업 피킹이 있습니다. 피킹을 할 때는 스트로크를 할 때와는 달리 **0.7~1mm** 정도의 피크를 사용하는 것이 좋습니다.

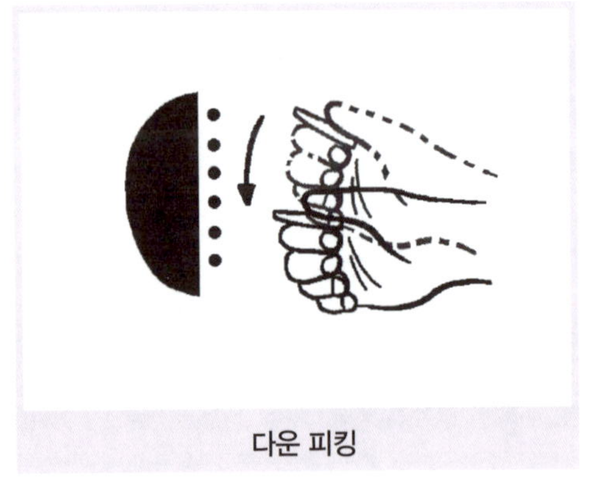

다운 피킹

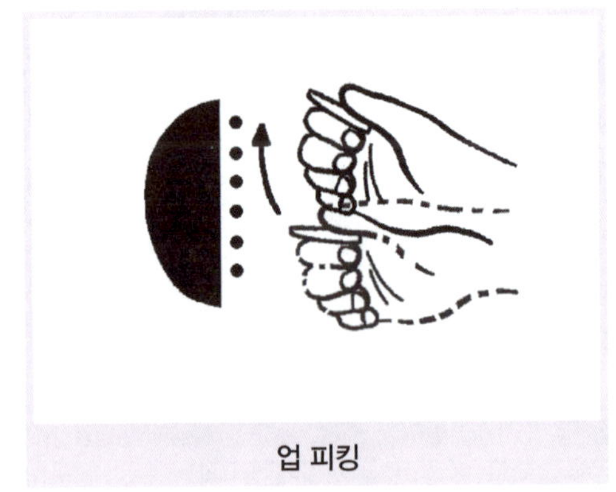

업 피킹

# 1, 2번 줄 1, 2, 3 프렛 연습

1번과 2번 줄의 1, 2, 3프렛을 사용하여 멜로디를 연주합니다. 여기에서 오선 악보는 편의상 한 옥타브 낮게 표기되어 있습니다.

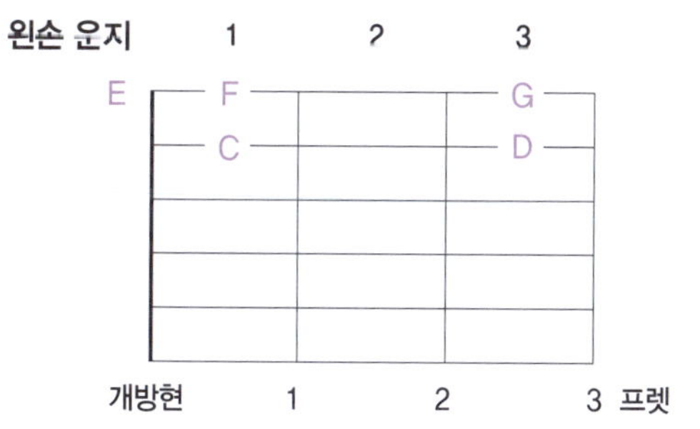

## 비행기

# 징글벨

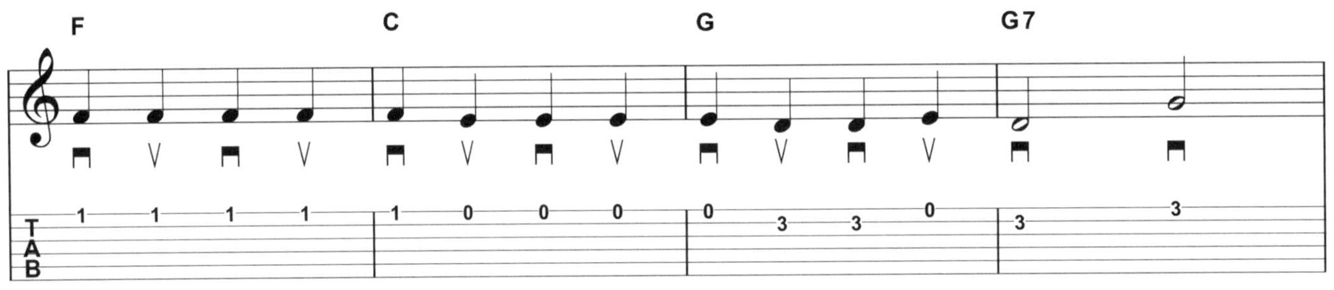

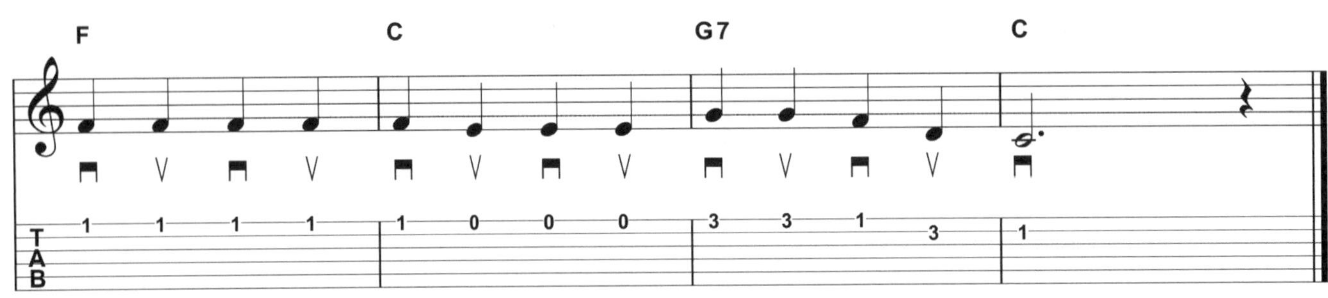

# 기쁨의 노래

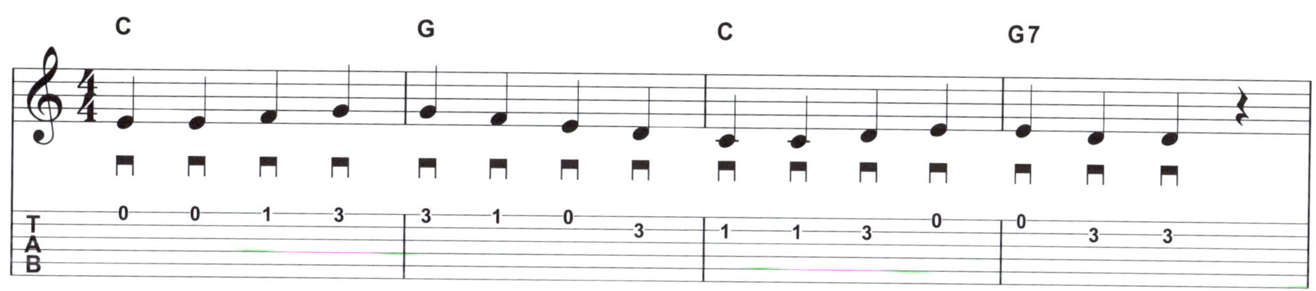

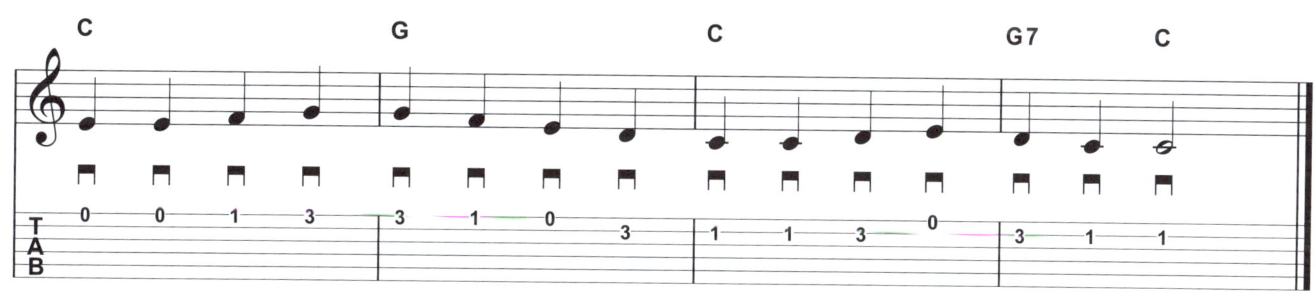

# 거미

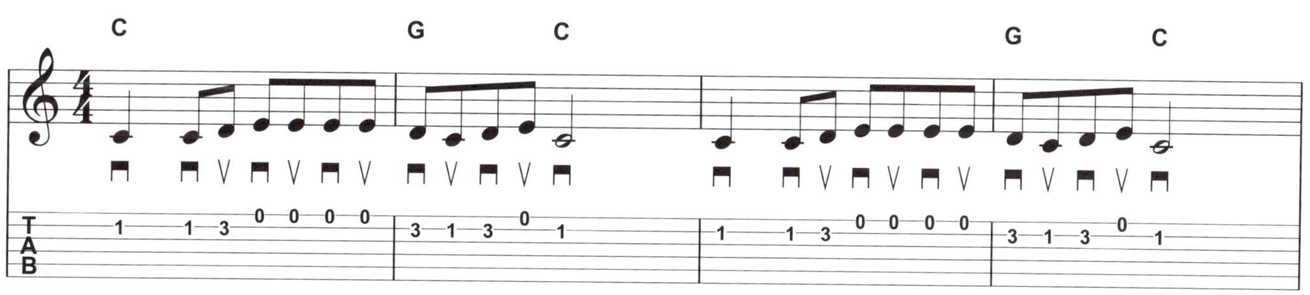

# 1, 2, 3번 줄 1, 2, 3 프렛 연습

여기에서는 1, 2, 3번 줄의 1, 2, 3 프렛을 사용하여 멜로디를 연주해 보도록 합니다.

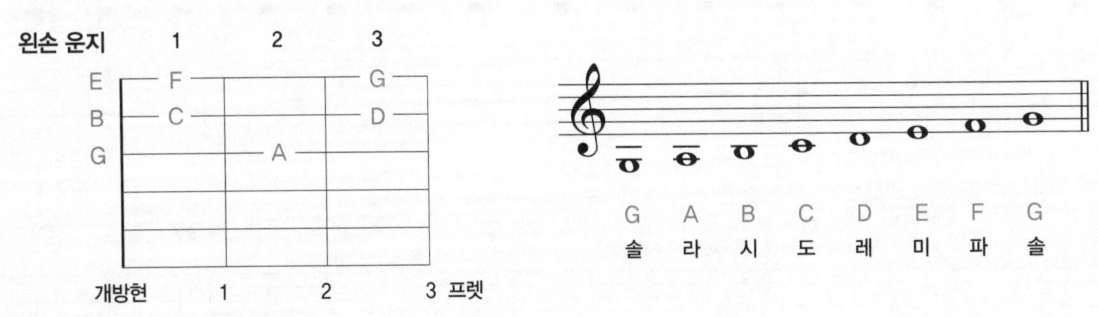


## 열 꼬마 인디언

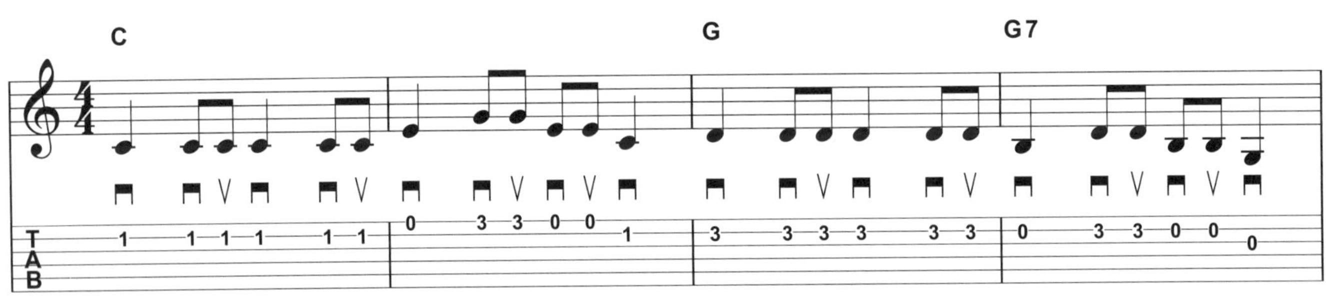

# 1, 2, 3번 줄 5, 6, 7, 8 프렛 연습

5, 6, 7, 8 프렛을 사용하면 더욱 폭넓게 멜로디를 연주할 수 있습니다. 1, 2, 3번 줄의 5, 6, 7, 8 프렛을 이용하여 멜로디를 연주해 보도록 합니다.

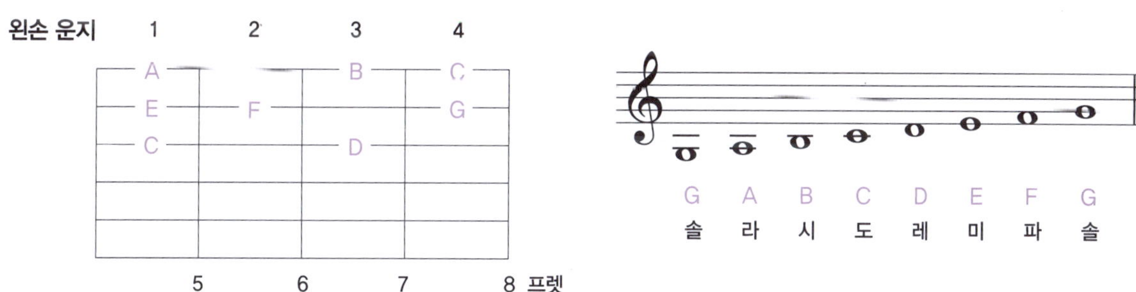


## 산토끼

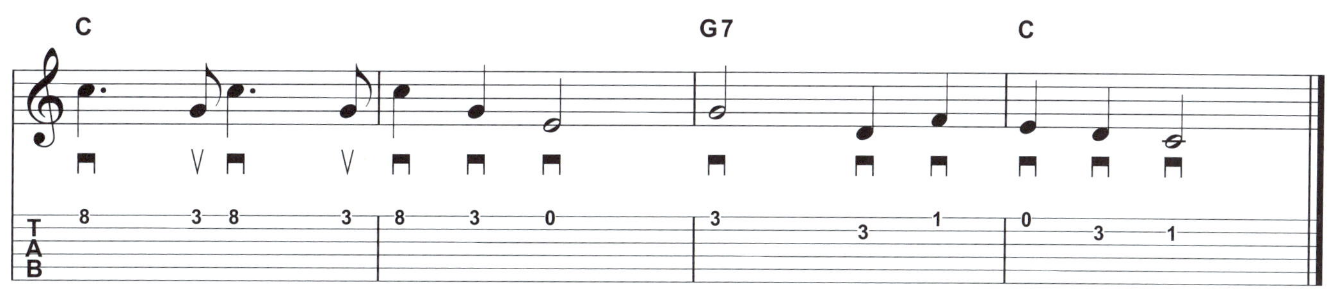

# 작은 별

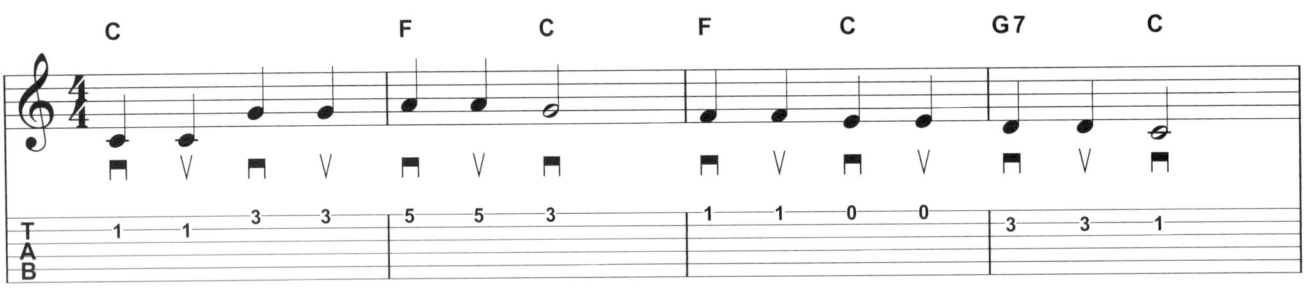

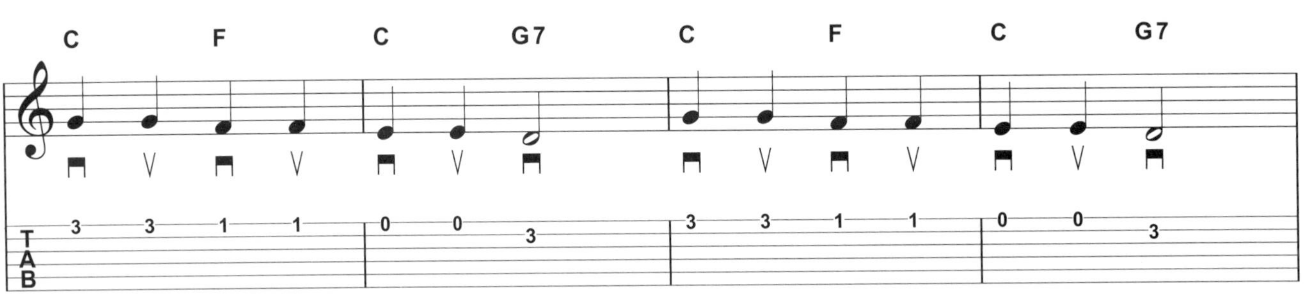

# 캉캉

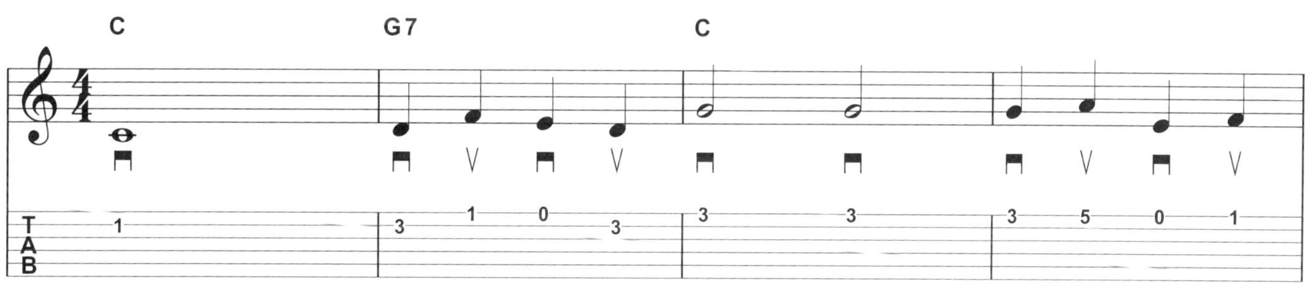

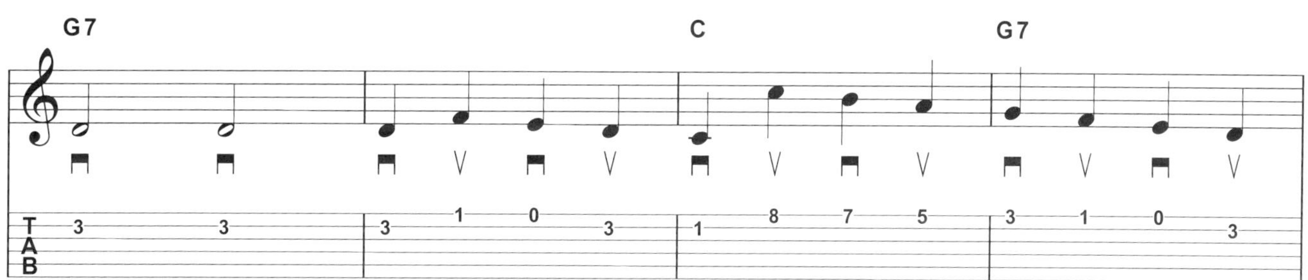

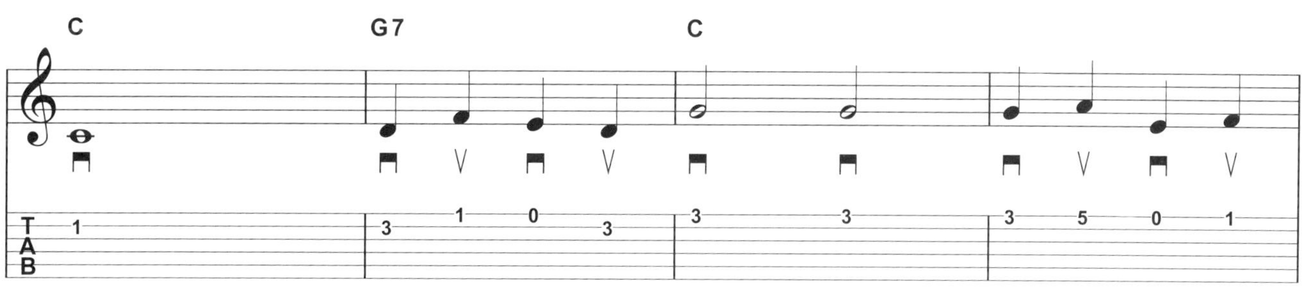

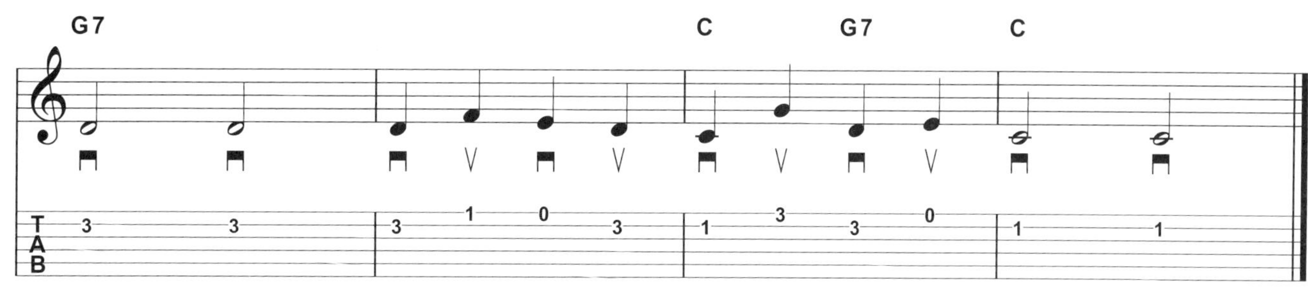

이번에는 ♯와 ♭이 들어간 멜로디를 연습합니다. ♯와 ♭도 타브 악보를 보고 동일한 방법으로 연주합니다.

## 로망스

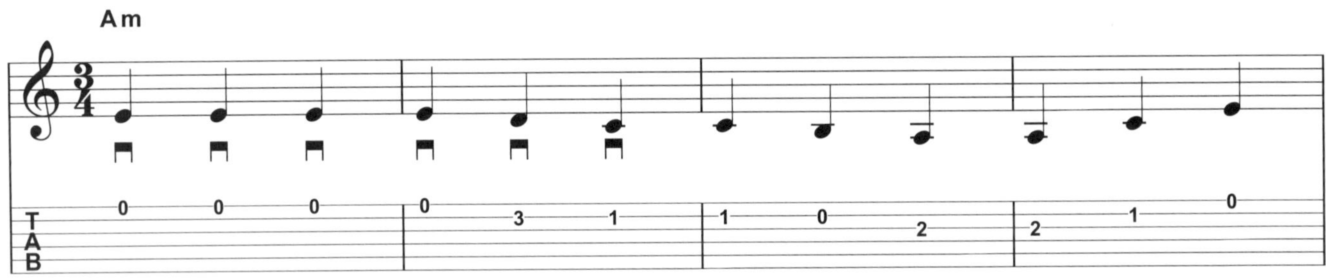

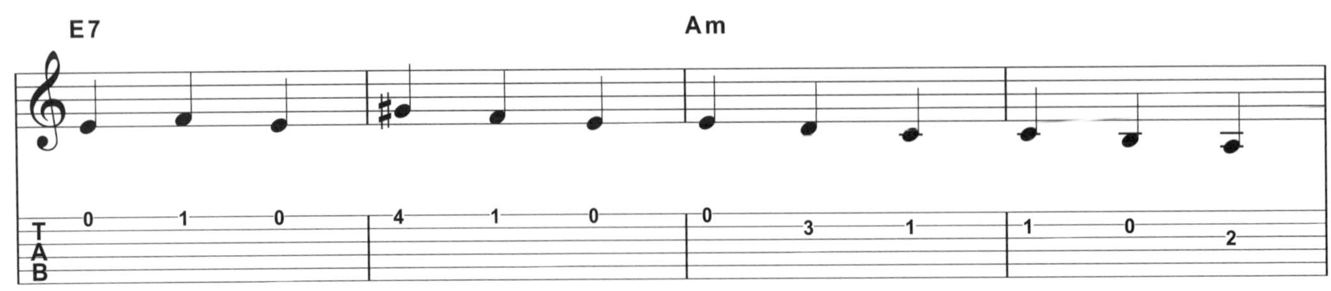

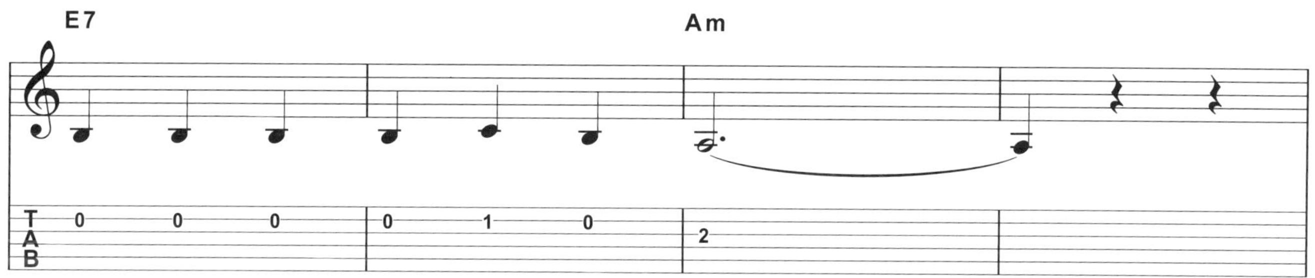

E7
Am


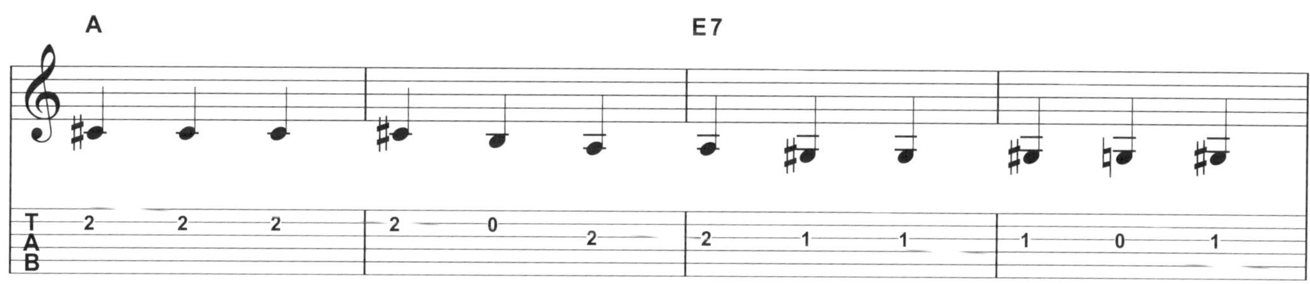

A
E7

D
A


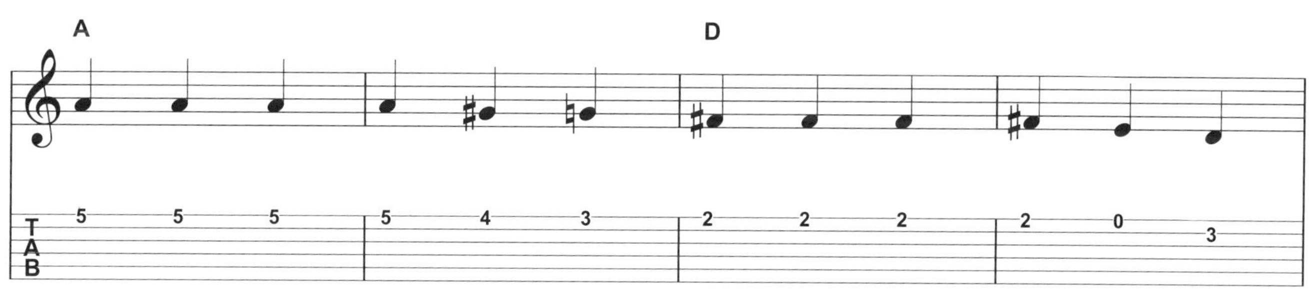

A
D


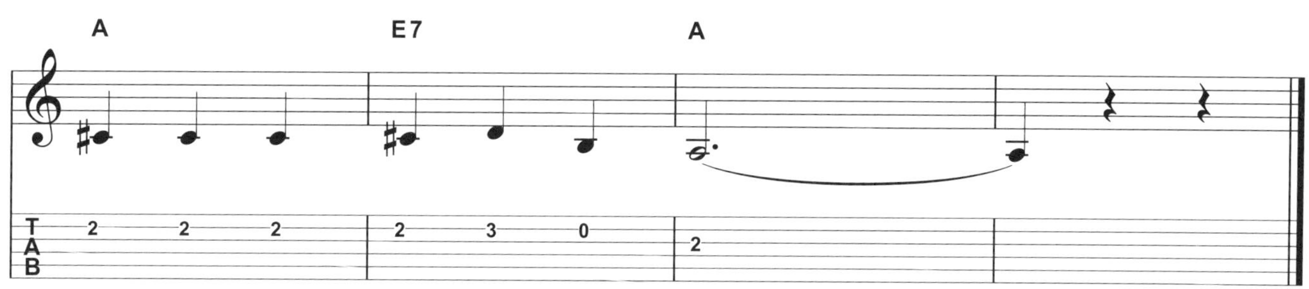

A
E7
A

# Chapter 04

나만의
레퍼토리

# 흐린 가을 하늘에 편지를 써


김창기 작사 · 작곡
동물원 노래


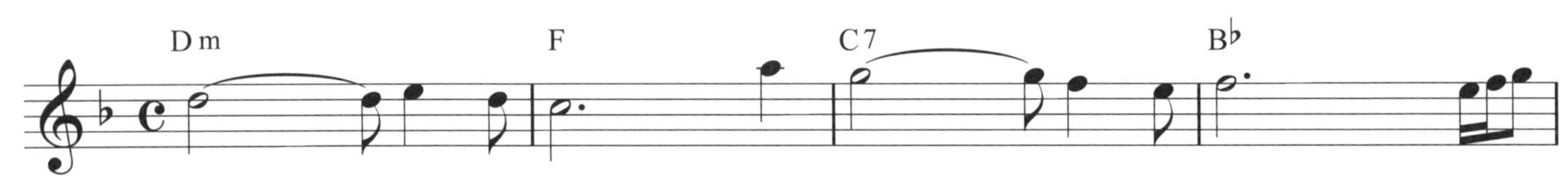

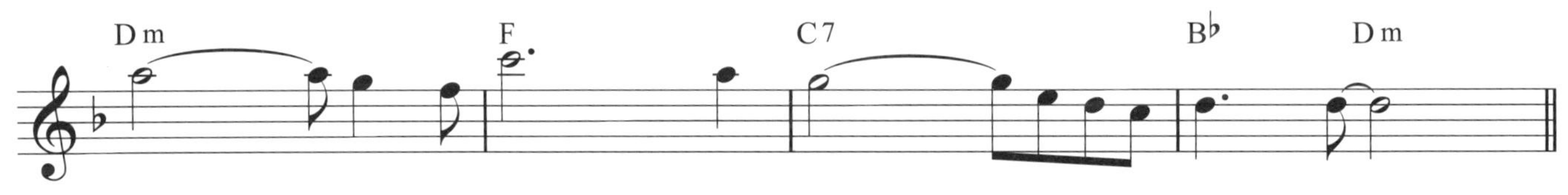

음 잊혀져간 꿈ㅡ들을 다 시만ㅡ 나고ㅡ파 흐린 가 을하ㅡ 늘에ㅡ ㅡ
편 지를 써 ㅡ 음 음 잊혀져간 꿈ㅡ늘은 다 시만ㅡ 나고ㅡ 파 흐린
가 을하ㅡ늘에 ㅡ ㅡ 편 지를 써 ㅡ
1.
2.
3
난 책을접어 놓ㅡ으며 창 문을ㅡ 열어ㅡ ㅡ 흐린 가 을하ㅡ 늘에 ㅡ ㅡ
2.
편 지를ㅡ 써 ㅡ 음 잊혀져간 꿈ㅡ들을 다 시만ㅡ 나고ㅡ 파 흐린
가 을하ㅡ 늘에ㅡㅡㅡ 편 지를 써 ㅡ 음 잊혀져간 꿈ㅡ들을
다 시만ㅡ 나고ㅡ 파 흐린 가 을하ㅡ 늘 에ㅡ ㅡ 편 지를ㅡ 써 ㅡ
8
D.S. & F.O.

# 사랑해도 될까요

심현보 작사 · 작곡
유리상자 노래

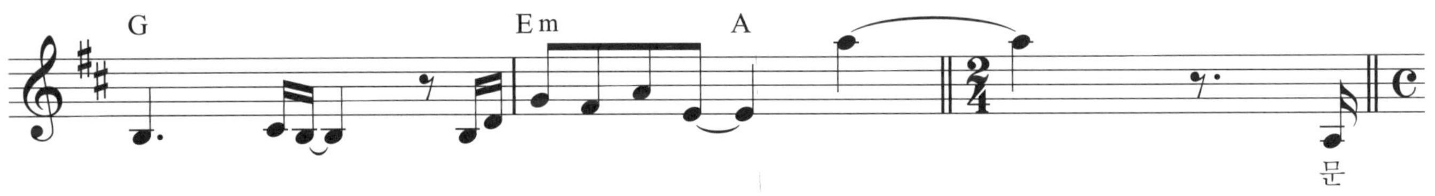

가 져간-그 대-
조심스럽게 - 얘기할래요-
참많은이별 - 참많은눈물-
용

기 내볼-래 요-
나 오 늘부-터 그 대를- 사랑
견 뎌냈-기 에-
좀 늦 었지-만 그 대를- 만 나

해 도될 까 요 처음인걸요 - 분명한느낌-
놓 치
게 됐나-봐 요 지금내앞에 - 앉은사람을-
사 랑

고-싶지- 않죠- 사랑이오 려나- 봐요-
그대에겐
해-도될- 까요- 두근거리 는맘- 으로-
그대에게

1. 늘 좋은것 만줄- 게 요

A/C#
웬일-인지

D.S. al Coda
(No Rep.)
2. 고 백할-게 요 조심스럽게
내가그대 를
사랑해-도

- 될 까 요

117

내 사랑 내 곁에
오태호 작사 · 작곡
김현식 노래
나 －의모든사 랑이－ 떠 나 가는－－날이－ 당 신의－ 그 웃 음뒤－에－서
시 －간은멀어 집으－ 로향 해가－－는 데－ 약 속－했 던 그 대만－은－올
함 께 하－는데－ 철 －이없는욕 심에－ 그 많 은 미 련에 － － － －
줄 을 모－르고－ 애 －써웃음지 으며 돌 아 오 는－길 은 －
당 신이 － 있는건아 닌지－ 아니겠지 요
왜 그리 － －도－낮 설고－ 멀 기만 한 －지－
저 여 린 가 지 사 이로－ 혼
자 인날－ 느낄때 이렇 게 아픈－ 그대 기 억이－ 날까－ －

D A/C# Bm A G D
내 사랑그대 – 내 곁에 있어줘 – 이 세 상 – 하나뿐 – 인 – 오
Em A D A/C# Bm A
직 그 대 – 만이 – 힘 겨운날에 – 너 마 저 떠 – 나면 –
G D A7 D F#m
비 틀거 – 릴 내 가 – 안길 곳 은 – 어디에 –
G D Bm G A D F#m
G D Bm E7 G A D D7
저
D.S. al Coda
G D A7 D G D
비 틀거 – 릴 내 가 – 안길 곳 은 – 어 – 디에 비 틀거 – 릴 내 가 – 안길
A7 D F#m G D
곳 은 – 어 – 디에
Bm E7 G A D
rit.

# 미소 속에 비친 그대

신승훈 작사 · 작곡
신승훈 노래

슬픔이라 생각했 - 지 하 지만 - 너무 나 - 슬 퍼 나는
울 고 싶 진않 - 아 다시 웃 고 싶 어졌 - 지 그런 미 소 속에 비 친 그대
모 습 보면 서 - 다시 울 고 싶 이 지 면 나는 그대를생 - 각하며 - 지난
추 억에 - 빠 져 있 네 그 대 여 -
D.S. al Coda
울 고 싶 진않 - 아 다시 웃 고 싶 어졌 - 지 그런
미 소 속에 비 친 그대 모 습 보면 서 - 다시 울 고 싶 어 지 면 나는
그 대를생 - 각하며 - 지난 추 억에 - 빠 져 있
네 그 대여 - -

# 사랑의 서약

김광진 작사 · 작곡
한동준 노래

Fine

D.S. (No Rep.)

# 사랑하기 때문에

유재하 작사 · 작곡
유재하 노래

# 애인있어요

최은하 작사
윤일상 작곡
이은미 노래

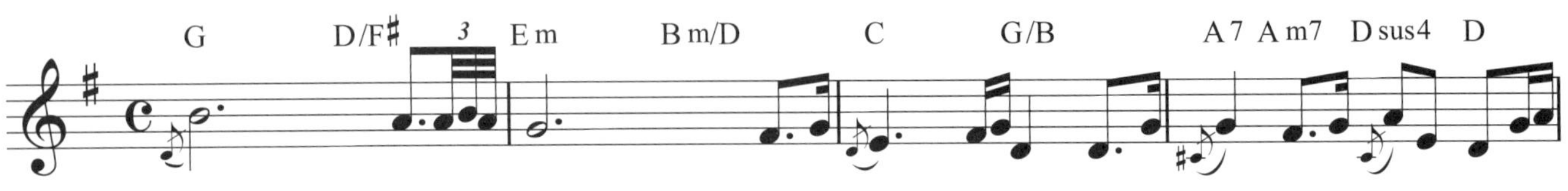

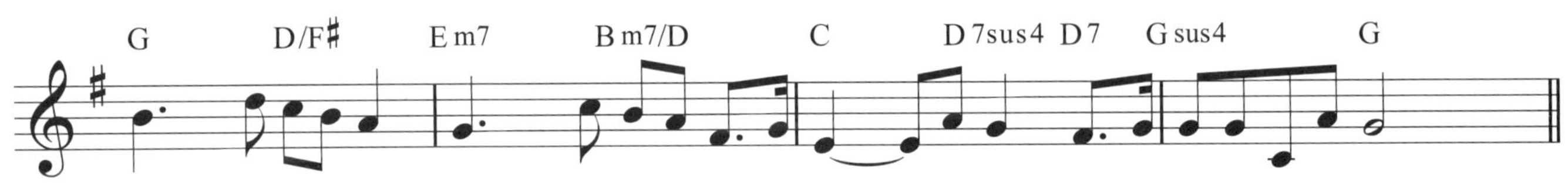

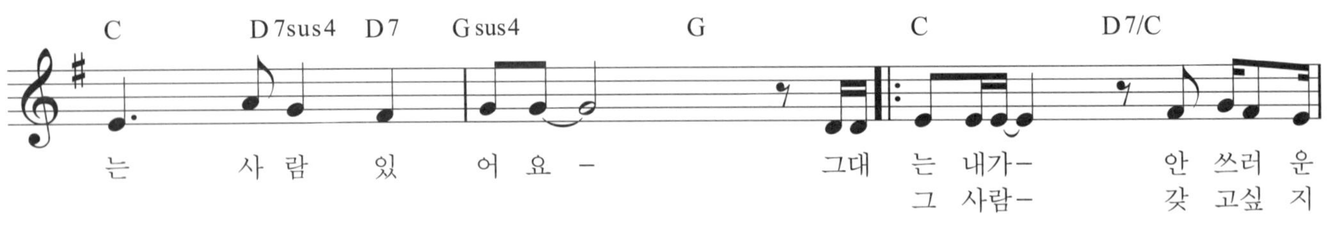

Cm/E♭    B m7    E 7    A m7    A 7/C#
모 르죠- 내 게도 멋진 애 인이-있 다 는걸 너 무소-중 해- 꼭숨 겨
D 7sus 4    D 7    G    F#dim7    B 7    E m7    D m7    G 7
두 -었 죠 그 사 람 나 만볼- 수 있 어요- 내 눈에- 만
죠 나 혼자- 아 닌 걸요- 안 쓰러- 워
C M7    G/B    A 7    C/D    D    G    F#dim7    B 7
보여요 내입술에 영원히 담 아- 둘 거 야- 가끔 씩 차오르 는눈- 물
말아요 언젠가는 그사람 소 개- 할게 요- 이렇게 차오르 는눈- 물
E m7    E m7/D    C#dim7    A m7    C/D    D 7    1.G sus4 G    D 7
만- 알 고있- 죠 - 그 사람그 대 라는걸 -
이- 말 하나- 요 -
G    D/F#    E m7    B m7/D    C    G/B
A    C/D    D 7    E♭    F    B♭    E♭M7
A m7    D 7sus 4    D 7    2.G sus4 G    D 7    D.S.
나는 라는걸 - 알 겠
G sus4    G D 7    G    D/F#    3    E m    B m/D    C    D7sus4 D 7    G
라는걸 -

# 이등병의 편지

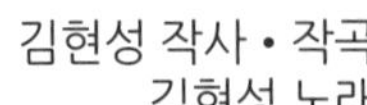

김현성 작사 • 작곡
김현성 노래

C E Am C/G Dm G
집 떠 나 와 – 열 차 타 고 훈 련 소 로 가 는 날 부 모
들 아 – 군 대 가 면 편 지 꼭 해 다 오 그 대
잘 린 – 내 머 리 가 처 음 에 는 우 습 다 가 거 울
C E Am Dm G C
님 께 큰 절 하 고 – 대 문 밖 을 나 – 설 때 가 슴
들 과 즐 거 웠 던 – 날 들 을 – 잊 지 않 게 열 차
속 에 비 친 내 모 습 이 굳 어 진 다 마 음 까 지 뒷 동
E Am C/G F G
속 엔 – 무 엇 인 가 – 아 쉬 움 이 – 남 지 만 풀 한
시 간 – 다 가 올 때 – 두 손 잡 던 – 뜨 거 움 기 적
산 에 – 올 라 서 면 – 우 리 마 을 – 보 일 런 지 나 팔
C E Am C/G Dm G
포 기 – 친 구 얼 굴 – 모 든 것 이 새 롭 다 이 제
소 리 – 멀 어 지 면 – 작 아 지 는 모 습 들 이 제
소 리 – 고 요 하 게 – 밤 하 늘 에 퍼 지 면 이 등
C E Am Dm G 1. C
다 시 – 시 작 이 다 젊 은 날 의 생 이 여 친 구
다 시 – 시 작 이 다 젊 은 날 의 꿈 이
병 의 – 편 지 한 장 고 이 접 어 보 내
2. C E Am C/G Dm G C D.S. al Coda
여 짧 게
C E Am C/G Dm Fm6 C
오 이제 다시 – 시 작 이 다 젊 은 날 – 의 꿈 이 여 –

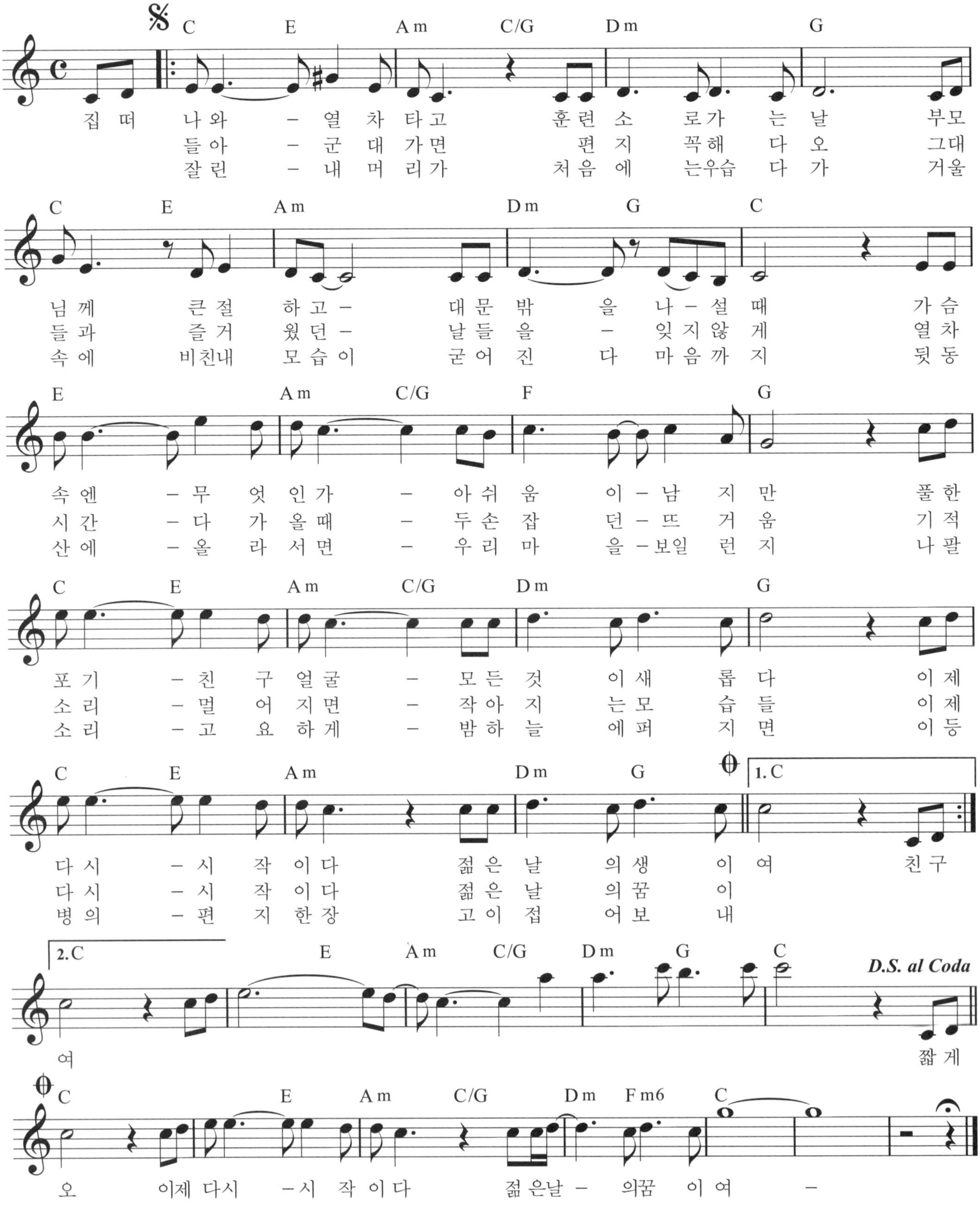

# 어떤이의 꿈

김종진 작사
김종진 작곡
봄여름가을겨울 노래

# 너를 사랑해

한동준 작사 · 작곡
한동준 노래

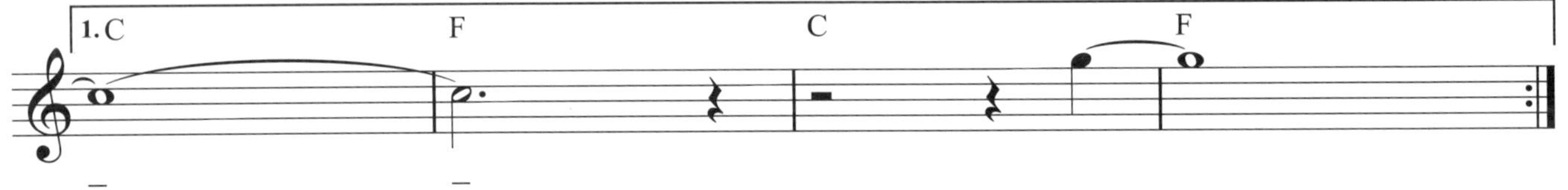

언 제 나 너 －와 함 － 께 새 하 얀
꿈 을 꾸 － 면 서 － 하 늘 이 우 리 를 － 갈 라 놓
을 때 까 － 지 워 우 우 위 － 우 워 워 －
너 를 사 랑 해 － －
너 를 사 랑 해 － － －
D.C. al Coda

# 산골 소년의 사랑이야기

예 민 작사 · 작곡
예 민 노래

2. D
Bm
F#m
죠 － 흐 르 는 냇물위에 － 놀이
G
D
F#m
분 홍 빛 물 들 이 고 어 느 새 구 름
Bm
G
A 7
D
사 이 로 저 녁 달 이 빛 나 고 있 네 노 을 빛 － 냇
A 7
G
Gm
물 위 엔 예 쁜 꽃 모 자 떠 가 는 데 어 느
D
A 7
G
A 7
작 은 － 산 골 소 년 의 슬 픈 사 랑 － 애
D
D
A
D
A 7
D.S. al Coda
기 기 노 을 빛 － 냇 물 위 엔 예 쁜
G
Gm
D
꽃 모 자 떠 가 는 데 어 느 작 은 － 산 골
A 7
G
A 7
D
소 년 의 슬 픈 사 랑 － 애 기 －

# 비와 당신

방준석 작사 · 작곡
박중훈 노래

이 젠 당신이- 그 립 지 않죠 보고싶은마음도 없 죠 오--
사랑한 것도- 잊 혀 가 네요- 조 용 하 게
알 수 없 는건- 그 런 내 맘이- 비가오면눈 물-이 나 요 오--
아 련 해 지는- 빛 바 랜 추억- 그얼마나사 무-친 건 지 오--
아 주오 래전- 당 신 떠 나던- 그 - 날 처 - -럼-
미 운 당 신을- 아 직 도 나는- 그 리 워 하 - -네 -
이 젠 괜 찮은- 데 - 사랑따윈저버 렸 는 데 오--
바 보 같 은날- 눈 물 -이 날 -까-

D.S. al Coda
다 신 안 올텐 – 데 – 잊지못한내가 싫 은 데 오 – –
언 제 까 지나 – 맘 은 – 아 플 – 까 –

# 바람기억

나 얼 작사·작곡
나 얼 노래

F#m7  E  D  C#m9  F#m7  Bm7
나
추억한 – 다 면 – 힘 차 – 게 걸 – 으리라
나
추억한 – 다 면 – 힘 차 – 게 걸 – 으리라
1. C#7sus4  C#7  Dadd9  A/C#
우 리 의 만 – 남 – 우 리 의 이 – – 별  그 바 – –
Bm7  G#m7-5 C#7/F F#m7  F#m7/E A/C# Dadd9  C#m7  F#m7
– 래 진 – 기 – 억 에 – 나  사 랑 했 – 다 며 – 미 소 –
Bm7  E7sus4  Dadd9  F#m9  A/B D/A G  Esus4  E
– 를 띠 – 우 리 라
2. C#7sus4  C#7 D#dim C#7/F  D  E/D  A/C#
우 리 의 만 – 남 – – 우 리 의 – 이 – – – 별  그 바 – –
Bm7  G#m7-5 C#7/F F#m7  F#m7/E  D  E/D
– 래 진 – 기 – 억 에 – –  나  사 랑 했
C#m7  F#m7  Bm7  Esus4  D13
– 다 면 – 미 소 – 를 띠 – 우 리 라
F#m11  Dadd9  DM7

# 다시 만날 수 있을까

임영웅 1집 - IM HERO -

이  적 작사
이  적 작곡
임영웅 노래

붙잡을- 마음- 이야- 없었
-겠냐-마-는- 그때난부 -끄 - 러 웠다 - 떳떳하- 게일- 어나- 널다
- 시찾-아- 갈- 뜨거운꿈 -만 - 꾸었 -다 - 둘이
함 께했- 던순- 간순-간이 - 시린 폭 포처- 럼쏟- 아지- 는날
- 그언- 젠가 - 우리만날수 품 에안- 고서- 하염없
이 -눈물 만 흘려- 볼까 - 그리운 마음이- 서럽게흘- -러넘쳐
- 너에게닿-을 때 우리만날수 품에안- 고서- 하염없
이 -눈물 만 흘려- 볼까
D.S. al Coda

# 나는 반딧불

정중식 작사
정중식 작곡
황가람 노래

몰랐-어요 난 내가 개 똥벌레라는것을- 그래도 괜 찮아- 난빛 날 -테니까
- 나는내가 빛 나는 별인 줄 알았 어요 한번
도 의심한 적없- 었 죠 몰랐-어요 난 내가
벌 레 라는 것을 그래도 괜 찮아- 난눈 부 시니까 - 한참
동 안 찾 았 던 내 손 톱 하늘로 올 라가- 초
승 달 돼버 렸지 주워 담을 수도 없게 - 너무 멀 리 갔죠 누가
저기 걸-어났 어 누가 저기 걸-어났 어 우주 에 서 무주로

Am    F    G
날    아온    밤하늘 의 별 들이-    반딧 불 이 돼버 렸지    내가널
E    Am    F
만 난 것 처럼-    마치약 속 한 것 처럼-    나는 다 시 태어났지    나는
G    C    E
다 시 태어 났지    나는내가    빛 나는 별
Am    F    G    C
인 줄 알았 어요    한번 도    의심한 적없- 었 죠
C    E    Am    F    G
몰랐-어요    난 내가    벌 레 라는 것을    그래도 괜 찮아-    난눈 부 시니까
C    E    Am
-    하늘에서    떨 어진 별 인 줄 알았 어요    소원
F    G    C    E
을    들어주 는 -작은 별    몰랐-어요    난 내가 개
Am    F    G    C
rit.
똥 벌레 라는것을 -    그래도 괜 찮아-    난빛날 테니까 -

# 다행이다

이 적 작사 · 작곡
이 적 노래

그대를 만나고 – 그대의 머릿결 –을만–질수–가있 –어서–
만나고 – 그대와 나눠먹 –을밥–을지을수있 –어서–
그대를 만나고–– 그대와 마주보–며숨–을쉴– 수있 –어서–
그대를 만나고–– 그대의 저린손–을잡–아줄– 수있 –어서–
그대를 안고서–––– 힘이 들면눈–물흘–릴수–가있 –어서– 다 행–이다
그대를 안고서–––– 되지 않는위–로라–도할–수있 –어서– 다 행–이다
– 그대–라는– 아름다–운세–상이– 여기 – 있어줘서 –
거친 바람속–에도 – 젖은 지붕밑–에도– 홀로 내팽개–쳐져–있지–않다
–는게– 지친 하루살–이와– 고된 살아남–기가–– 행여 무의미–한일–이아–니라
–는게– 언제나 나의곁–을지–켜주–던 그대라–는놀–라운–사람 –때문– 이란
–걸 – – 그대를 만나고 – 그대의 머릿결 –을만–질수–가있 –어서–

# 모든 날, 모든 순간

어깨깡패1 작사 · 작곡
폴 킴 노래

햇살처럼빛 나고- 있었 -지 - 나를보는니 눈 빛 은
- 꿈이라고해 도좋 - 을만 -큼 - 그모든
- 순간은 - 눈부셨다 - - oh- - - - - -yeah
알수없는미 래지 -만 니품속에있 는지 -금 순
-간순 -간이 - 영 원했으 -면해 - woah- - - 갈 게 -
바람이좋은날에 - 햇 살 눈부신어떤날에 - 너에게로
- - - - - - 처음내게왔 던그- 날처 -럼 - 모든날
- 모든순간 - 함께 해 -

# 사랑했나봐

전해성 작사<br>전해성 작곡<br>윤도현 노래

사랑했나

못되게눈돌리며 외면 한 – 니모습모른척할래 –

한번쯤은날 뒤돌아보 –며 – 아파했다 믿–을래 – – 바보인가

봐 한마디못하는 – 잘지내냐 는 그쉬운인–사 도 ––– 행복한가

봐 여전한미소 는 자꾸만날작 아지게만들 어 멀어 지는니모 –습처럼

언젠가다른사람 만나게되–겠 지 널닮은미소짓는 –

하지만그사람은 니가아니 –라 서 왠지슬플것같아 –

잊을수없는사람 – – 우 –

소나기

SOOYOON, 한성호 작사
박수석, MOON KIM, 한성호 작곡
이클립스 노래

♩=67

F / C / Dm
그 치지- 않 기 를 바 - 랬죠 처 음그대- 내게 로 오던

C / F / C / A
그날에 - - 잠 시 동안- 적 시는- 그 런 비가- 아-니 -길

Dm / G / C / F / G
간 절히- 난바- 래왔- 었 죠 그대도내맘 아 나요- 매일 그대- 만그

Em / G / A / Dm / C / F / Am / G
- 려왔- 던나- -를 오 늘 도내- 맘에- 스머-들죠 - - 그대 는-

C / G / F / C / Dm / F
선 물입- 니다- 하늘 이 내 -려 준- 홀로 선 세 상속- 에그- 댈지-켜

F / C / Em / A7 / Dm / Fm
줄 - 게요- 어느 날 문득 소나- 기처-럼 내린그 대 지 만

Em / Am / G / 1.F / G / C / B7
오늘도불- 러봅니다 - 내 겐소-중 한- 사 람 오

떨 어 지는- 빗 물이- 어 느 새날- 깨-우 -고
그대- 생각- 에잠- -겨 요- - 이제는내게 로 와요- 언제 나처- 럼기
- 다리 고있- -죠 그 대손을-꼭 잡-아 줄-게 요 - - - - 그대 는-
내 겐소-중 한- 사 람 - - - - 잊고 싶던- 아 픈 기억-들도 - 빗방
울과함-께 흘-려 보-내 면 -돼 요- - - 때로는 지 쳐-도 - 하늘이
흐 려 도 - 내가 있 다 는 걸 잊 지 말아요 - - - 그대 는-
사 랑입-니다- 하나 뿐 인 -사 랑- 다시 는 그대와- 같은- 사랑-없
을 -테 니- 잊지 않 아요 내게- 주었-던 작은기억하나 -도-
오늘도새- 겨봅니다 - 내 겐선-물 인 - 그 댈- -

# 주저하는 연인들을 위해

최정훈 작사
최정훈, 김도형, 유영현 작곡
잔나비 노래

나
의 자라나는 마 음을 - 못 본채 꺾어버릴 순 없
네 미 련남 길바엔- 그리워 아픈 -게나아- 서둘러
안 겨본 그품은따스 할 테니- 그 러 다 -- 밤 이찾 아
오 면 우리 둘만의 비밀 을새 겨요 추 억할그밤위에 갈
피를꽂고-선 남몰 래 펼쳐 보아요 언 젠가 -- 또그날이온
대 도 우린 서둘러 뒤돌 지말 아 요 마 주보던그대로 뒷
걸 음치 면- 서 서로 의 안녕을 보아 요

# 헤어지자 말해요

박재정 작사
박재정, 박현중 작곡
박재정 노래

말 해요- 나는사 실 그대에게 좋은사 람 이아-녜 요- - - 그 대
이 -제 날떠 -난다말 해요- 잠시라도 이 -행복을- 느껴서
고 마웠-다 고 - 시간이지 - 나고 - - 나면
- 나는- 어쩔수 없을걸 -문득- 너의 사 진보-겠지- 새로사
귄친구 - 함께- 웃음띤 네얼굴 -보-면- 말할 수 없 을 묘
한 감정-들이 - 힘들 단 걸알-지 만- 그 대 고마웠-다고- - - -우워
- - 한번은넬볼 수있-을 - 까 이기적인- 거나-도 잘

알아 - - - 그땐 그 럴수-밖에 - 없던어 린 내 -게
한 번만-더 기 회를-주- -길 -
그 댈 정 -말 사 랑 -했 다말 해요- 나는사
실 그대에게 좋 은사 람 이되-고 싶 - -었어 - - - -
영 -영 다신 -못본다 해도- 그댈위한 이 - 노래가- 당신을
영 원히 -사랑 - 할 테니-

# 너의 모든 순간

심현보 작사
성시경 작곡
성시경 노래
이 윽고- 내가
한 눈 에너- 를알- 아 봤 을때- 모
든 건분-명 달- 라지 고 있 었어- 내세상은- 널알 기 전 과 후로- 나뉘어
니 가슴-쉬 -면 따스 한 바 람 이 불 어와-
니 가웃-으 면- 눈 부 신 햇 살이-비 춰- 거 기 있
어 줘서 그게 너 라서 가끔 내어- 깨에- 가만-히 -

기 대주-어-서- 나는있 잖아- 정말 빈 틈없-이 행복 -해
너 를따-라 서- 시 간 은 흐 르고-멈 춰- 물 끄 러 미 너를- 들여다
보 곤해 - 그 것 말고- 는아- 무것- 도- 할 수없-어-서- 너
의 모든-순 간 - 그게 나였으-면 좋겠 -다 생 각만-해 도- 가 슴 이
차올라 나는 - 온통 - 너 로 -
보 고있-으 -면 왠지
꿈 처 럼아득한것- 몇 광년-동안-날향해 날아온-별빛-
또 지금-의 너- 거 기 있 어 줘서- 그게 너 라서- 가

E/G♯  Em/G  B/F♯  F♯m7 B7  EM7  F♯7/E
끔 나에- 게조- 용하-게 - 안 겨주-어-서- 나는 있 잖아- 정말

B/D♯  A♯7/D  C♯m7  F♯7sus4  E/G♯  F♯/A♯
남김없-이 고마 -워 너를따-라서- 시간은 흐르고-멈춰- 물 끄러

Bsus4  /A♯ G♯m7  F♯/A♯  E/G♯  Em/G
미 너를- 들 여 다 보 곤해- 너 를 보는- 게나- 에게- 는

B/F♯  F♯m7 B9sus4 EM7  F♯7/E  B/D♯  A♯7/D
사 랑이-니-까- 너의 모든-순간 - 그게 나 였으-면 좋겠 -다

C♯m7  F♯7sus4  G♯m7
생 각만-해도- 가 슴 이 차올라 나는- 온통-너로 -

C♯7sus4  C♯  C♯m7  F♯7sus4  F♯7(♭9)
니모든 순 간 나 였 으면

EM7  B/D♯  EM9  B/D♯  CM7  FM7

A♯M7  D♯M7  DM7

# 사랑인가봐

김민석 작사
김민석, 정동환 작곡
멜로망스 노래

너 와함-께 하- 고싶-은 일 들을-상 상- 하는-게 요 즘내일- 상이-되 고
너의 즐 거워-하 는- 모습-을 보 고있-으-면- 자 연
스 레따-라 웃- 고있-는 걸 - - - 너의 행 동에-설 레-어 하-고
뒤 척이-다 가- - 지 새 운밤-이 많-아 지- 는데- - 이건
누 가 봐- 도사-랑 일 텐 데- - - 종 일 함- 께 면-질
릴 텐 데- 나 돌 아 서- 도온-통 너 인 건-

아 무래-도 사- 랑인-가 봐 - - -
점점
너 와하-고 싶- 은일-들 생 각하-면 서- - - 하룰 보 낸날-이 많-아 지- 는데
- - - 이건 - - - 너의
행 복해-하 는- 모습-을 보 고있-으 면- - 나 도 모르-게 따-라 웃-는 데
- 이정 도 면 알- 아 줄-만 하 잖 아- - -
너 도 용- 기 낼-만 하 잖 아- 나 만 이- 런 게-아
니 라 면- - - - 우 리만-나 볼- 만하-잖 아- - -
아 무래-도 사- 랑인-가 봐 - - - -

# 내게 사랑이 뭐냐고 물어본다면

로이킴 작사
로이킴 작곡
로이킴 노래

-며 솔직해지고 이해 할 수있 -는 것- 그게 사 -랑 일 -거-
야 내가아는 사 랑- -인 -거야 - 워- - - - -
바 다 가지- 겨워- 지고- 숲이 푸 르르- 지않- 다고- 그아
름다움-을잊는다면 사랑이 아닐거- -예요 내게사랑이 할수있- 는것- 워 -
내가보고느끼- 고듣-는-모 - 든것엔 - 그대가물들 - 어있-어-서- 없이는나살
- 수없-서-서- 너가노 래 가 된다면- 나만알고싶고
그어떤가-사보 -다 아껴부르며 간직 하 고싶-은-것- - 그게
사 -랑 일 -거 -야 내가하는 사 랑- -인 -거 야
- 그래그게바로 사- -랑 일 거야 -

책 한권으로 마스터하는 기타 교본

# 나만의
# 통기타 교실

발행일  2026년 5월 15일
발행인  남  용
편  저  일신음악연구회
발행처  일신서적출판사
주  소  서울시 마포구 독막로 31길 7
등  록  1969년 9월 12일 (No. 10-70)
전  화  (02) 703-3001~5 (영업부)
          (02) 703-3006~8 (편집부)
F A X  (02) 703-3009
I S B N  978-89-366-2919-9  (93670)

이 책에 수록된 곡들은 저작권료를 지급한 후에 제작, 출판하였으나 일부의 곡은 저작자 또는 저작권 대리권자에 대한 부분을 여러 매체나 기관을 통해 알아보려고 노력을 하였으나, 해당 곡에 대한 저작자 및 저작권 대리권자에 대한 부분을 찾지 못하였음을 알려드립니다.
저작자 및 저작권 대리권자께서 본사로 연락을 주시면 추후 곡의 사용에 대한 저작권법 및 저작자 권리단체의 규정에 따라 조치를 취할 것을 약속 드립니다. 저작자의 권리는 존중되어야 합니다.
부득이 저작권자의 승인없이 저작물을 사용하게 되어 대단히 죄송합니다.